U0712015

MONTESQUIEU

编委会

（按汉语拼音排序）

雅理译丛

田雷 主编

雅理

其理正，其言雅

理正言雅

即将至正之理以至雅之言所表达

是谓，雅理译丛

孟德斯鸠

MONTESQUIEU

[美] 朱迪·斯克拉 著

李连江 译

中国政法大学出版社

2018 · 北京

图书在版编目（CIP）数据

孟德斯鸠/(美)朱迪・斯克拉著；李连江译.—北京：中国政法大学出版社，2018.9
ISBN 978-7-5620-8505-8

Ⅰ.①孟… Ⅱ.①朱… ②李… Ⅲ.①孟德斯鸠(Montesquieu, Charles Louis de Secondat 1689-1775)—传记 Ⅳ.①B565.24

中国版本图书馆CIP数据核字(2018)第202042号

出版者　中国政法大学出版社
地　址　北京市海淀区西土城路 25 号
邮寄地址　北京 100088 信箱 8034 分箱　邮编 100088
网　址　http://www.cuplpress.com（网络实名：中国政法大学出版社）
电　话　010-58908524(编辑部)　58908334(邮购部)
承　印　北京中科印刷有限公司
开　本　880mm×1230mm　1/32
印　张　6.5
字　数　100 千字
版　次　2018 年 9 月第 1 版
印　次　2018 年 9 月第 1 次印刷
定　价　49.00 元

献给约翰·罗尔斯

致谢词

感谢女儿露茜帮我改进本书的内容与风格，感谢斯坦利·霍夫曼和斯蒂文·霍尔姆斯这两位朋友的批评和鼓励。也感谢秀玛丽亚·阿赫迈德助我准备书稿。本书的底本是我1986年在牛津大学的卡莱尔讲座讲稿，十分感谢卡莱尔信托基金的邀请和支持。

1986年11月
于牛津

征引书目

《孟德斯鸠全集》(OEuvres complètes de Montesquieu)，安德列·马松（Andre Masson）编，Les Editions Nagel，1950–1955 年，巴黎。

《波斯人信札》(Les Lettres persanes)，维涅尔（P'Verniere）编，1975 年，巴黎。征引时使用的小写罗马数字指的是书信的编号。

《关于罗马人兴衰之原因的思考》(Considérations sur les causes de la grandeur des Romains et de leur décadence)，特鲁（G. Truc）编，1967 年，巴黎。引征时使用的数字指的是《全集》第一卷的页码。

《论法的精神》(L'Esprit des Lois)，德拉特（R. Derathé）编，1973 年，巴黎。征引时使用的大写罗马数字指的是卷数，阿拉伯数字指的是章数。

《沉思录》(Pensées)。征引时使用的数字取自刊载《沉思录》的《全集》第二卷。

目 录

第一章

一位博学之士的成长

夏尔－路易·德·赛贡达，即后来的孟德斯鸠男爵，1689 年 1 月 19 日出生在波尔多附近的拉布莱特庄园一个执政官、军人与牧师家庭中。曾祖父是新教徒，为亨利五世效力，受封为孟德斯鸠男爵。男爵的后人重新皈依天主教，家业持续兴旺。夏尔－路易的祖父和外祖父是波尔多上诉法院（parlement）院长，他的伯父继承了该职务。夏尔－路易的父亲雅各·德·赛贡达从军，叔父与姑姑是教士。雅各·德·赛贡达三十多岁时退伍回家，娶玛丽－弗朗索瓦·德·皮斯奈为妻，玛丽－弗朗索瓦是个古老贵族家庭的继承人，拉布莱特庄园是她嫁妆的一部分。他们共有四个子女存活下来，两子两女。夏尔－路易是长子，他七岁时，母亲因难产去世。丧妻的丈夫给子女写了篇简短动人的悼文，叙述亡妻的高尚品格。他告诉孩子，妈妈有精明的经营头脑，不喜欢琐屑无聊的事，对孩子有异乎寻常的爱，笃信宗教，虔诚忠心。

显而易见，对本地的贵妇人来说，这些品格最受人敬重。她的长子继承了她的财产和拉布莱特男爵的封号，后来也娶了一位虔诚的女性。他在巴黎或出国旅行时，妻子把家业管理得井井有条。他的弟弟和两个妹妹当了传教士。

按照当时的习俗，夏尔－路易被交给保姆抚养，他人生头三年在一位磨坊主的家庭里度过。他在那里学会说话，似乎毕生乡音未改。十一岁前，他和两个堂兄弟接受家庭教师的教育，后来他们被送进说教派修道会（1564年由圣耐利创办的一种崇尚通俗说教的天主教神父团体——译者注）在尤里开办的一所名校。据说这所学校很现代，除了常规的古典课程，还讲授地理、科学、数学、法文和法国史。希腊语不受重视。雅各·德·赛贡达为两个儿子的教育花了大价钱。他的次子让－巴佩斯特也进了这所学校，后来进了巴黎大学文理学院，直到成为传教士。夏尔－路易在波尔多大学读法律，1708年获得学位，之后赴巴黎接受法学深造。后来，他说去巴黎只是遵从父命，不过，他显然是个自觉用功的学生。他有六个大笔记本保存下来，上面写满了关于罗马法、法国法和本地法的笔记，还记录了他在巴黎参与审理的案例。他接受法学教育，为的是给日后当高级上诉法官作准备，他伯父的儿子未能长大成人，所以要把职务和头衔传给长侄。当时，公职是一种财产，人人力图把它保留在自己家族中。当传教士的叔父把他的教职传给了小侄子让-巴佩斯特。即便考虑到长辈对他们的期望，这两兄弟得到的教育也好得异乎寻常。多数新任法官对法律几乎一窍不通，原因是大学不要求参加考试，而上诉法院自设的资格考试纯属儿戏。只要有好家庭、有钱、信天主教，就能当法官。

1713 年，孟德斯鸠的父亲去世，他回到家乡，继承产业，遵从家人期望，开始寻找妻室。两年后，他与让娜·德·拉帝格悄悄举行了婚礼。让娜与他门当户对，不过笃信加尔文教，坚守信仰，无视种种实际危险与限制。我们只知道她是孟德斯鸠一子二女的母亲，除此之外一无所知。有充分的证据显示孟德斯鸠不是个忠实的丈夫。

孟德斯鸠于 1721 年发表小说《波斯人信札》。在此之前，他的生活与拥有相同阶级地位和财产的人一样，完全中规中矩。1716 年，他继承了伯父的职位，由于他尚未达到法定年龄，必须申请特许，他得到了特许，为此照例付了笔钱。这时，他已经相当富有。伯父给他留下一些贵重的财产，戴帽子的院长（Président à mortier）职位就是笔十分可观的资产。像绝大多数地方贵族一样，孟德斯鸠十分热衷扩大他的产业。作为一个地方城市，波尔多是个十分活跃、商业极为发达的地方。由于葡萄酒贸易吸引了大批外国商人，波尔多具有世界城市的特殊性质。这里曾有大量清教徒，他们在宗教战争中倍受荼毒，其后裔在路易十四（Louis XIV）迫害异教徒时仍然经常生活在危险中。在投石党（the Fonde）时代，波尔多的名门望族也加入了起义，但到18世纪，城市已经恢复平静。波尔多的贵族分为三群。旧日的“佩剑贵族”既不富有也不显赫，他们生活在沉闷的小城镇里。新近成为贵族的地方法官为数不多，他们在本地区的政治生活中扮演着重要的角色，但是在城市的社会等级体系中却无显要位置。真正在经济和社会生活中举足轻重的是孟德斯鸠这样的“法衣贵族”。他们身居高位，拥有本地的绝大部分土地。几乎所有葡萄园都掌握在这些人手中，他们不断牺牲佃户的利益，把他们从最肥沃的土地赶走，扩大葡萄园的规模。这些贵族不仅种植葡萄，还积极参与葡萄酒贸易的各个环节。许多人还在确保其社会地位的同时从事进出口贸易，包括贩运奴隶。一般来说，他们对封建权益的兴趣远远逊于他们对扩大商品市场和增加有重要商业价值之股份的兴趣。因此，他们与巴黎政府经常处于尖锐的对立中，原因是他们反对政府增加葡萄园的税收、限制葡萄生产或保护小种植主。孟德斯鸠就是这个商人贵族团体的积极成员，他甚至写过一本小册子，反对政府限制当地的葡萄园。不论这些法国贵族究竟是些什么样的人，有一点是确定的，他们不穷，不懒，也不蠢。

由法衣贵族把持的波尔多上诉法院与王室及其在当地的主要行政代表亦即省长之间经常发生激烈的冲突。他们与市政会也发生争吵。他们的主要责任是司法，但他们有足够的行政权力加剧这些旷日持久的争吵。上诉法院还有责任登记国王的法令，并有权向国王进谏，但是由于国王及其大臣经常不理睬谏议，这些特权也就失去了意义。作为一种姿态，国王和大臣只允许各个上诉法院保持一种假象，仿佛它们是古老的法国宪法的卫士。

波尔多上诉法院的内部组织等级森严。最高层是院长，由国王任命，他在上诉法院中代表王权，同时又是上诉法院与官界其他部门打交道时的代表。院长之下是九个帽子院长（众人这样称呼他们，是因为他们头戴的那种帽子），院长不在时，帽子院长代理他的职务。帽子院长下面是四个小院长和八十四个参赞。除了院长职位，其他职位都可以买卖、出租或继承，价格取决于职位的威望。

职位的吸引力主要来自其威望，因为投资购职的财务回报很微薄，主要来自诉讼人支付的费用。不过，这些人的工作也不费力。一年中，差不多有六个月用来听案，诉讼人得到的服务很差，判决既缓慢又不确定。大量时间和精力花在内部争吵上，争吵的话题主要是法官高度重视的程序问题。上诉法院的司法工作分别在五个专门议事厅进行。孟德斯鸠当院长的十一年里一直主管罪犯厅。他掌管重犯监狱，里面关押着候审的被告；他也参加刑讯，这是审讯罪犯的一个正当环节。此外，他还负责量刑，通常的刑罚有死刑、关入罪犯营与服苦役。我们不知道孟德斯鸠做这些事时有什么想法，但他后来呼吁改革刑法、废除肉刑和野蛮惩罚时，是作为直接知情者发言的。

孟德斯鸠与上诉法院的同事相处得似乎不是特别好。他经常缺席，还因为工作负担问题与他们争论。他可能也因为工作枯燥乏味而烦恼。尤其是，他总是弄不清程序，这让他十分生气，因为他注意到，就连那些很愚笨的人也能轻而易举地记住种种规则。从积极方面看，他的司法活动标准很高，而且他自称在总体上达到了这些标准。我们确切知道，孟德斯鸠年轻时就掌握了大量法律知识，他可能比大多数法官更博学，但是他对法律的兴趣显然是学术性的，不是实践性的。他的通信表明，他的社会生活与思想生活的真正中心是波尔多科学院，而不是波尔多上诉法院。

当时，法国许多城市建立了地方科学院，波尔多的学术社团以孟德斯鸠为领袖，除此之外，既非独一无二，也没有特别突出的成就。伏尔泰曾不客气地说，地方科学院就像从来不招人议论的好姑娘，这个说法完全正确。波尔多科学院一开始是个文学和音乐团体，但是当孟德斯鸠于1716年被选为正式成员时，它已经获得了国王的特许，并把注意力转向自然科学。孟德斯鸠衷心赞成这一转变，他认为这样一个团体不可能为文学作出什么有价值的事，但是很可能对科学作出有用的贡献。为了实现这个目标，他设立了一份解剖学基金，此前，学院的贵族保护人福塞公爵（the duc de Force）已经为物理学设了一项基金。孟德斯鸠加入学院时，院里一共有九个正式成员，都是本地名人，其中一些是他最要好也最长久的朋友。孟德斯鸠在学院里当了四任院长，直到他不再参加学院聚会之后很久，他仍然对学院的怀着真正的兴趣。他一度希望地方的智力生活不亚于巴黎，但事实上波尔多科学院从未出过一篇杰出的作品。回头看，波尔多科学院聚会的真正目的也许不是创造，它们的作用是把本地精英人物引入一个全新的近代自然科学世界。

学院的组织是波尔多社会结构的一面镜子。它的正式或“常任”成员都是上诉法院的名人。他们之下是数量较多的非正式成员，然后是候补者，社会等级越来越低，但社会地位低的人往往是杰出的才智之士。学院的大多数成员是真有热情的业余科学家，他们博览群书，有些甚至学有所成。他们十分认真地向其他成员作报告，颁发研究基金，必须先经过慎重审核。作为院长，孟德斯鸠有义务对提交上来竞争基金的论文作出摘要和报告。这些安排至少具有一种激进化潜能，这一点对孟德斯鸠个人的发展并最终对整个法国的发展都很有意义。激进化的潜能来自上述安排中的一种矛盾。学院的内部生活等级森严，因循守旧，但是，谁也不留意向学院提交论文的科学家的社会等级。对科学家的评价完全依据他们的思想成就。当时，社会中的人被认为都为一个目的服务，社会地位方面的排外性与理智上的开放性混合在一起，处理这种混合的一种方法就是强调学院工作有用。学院的成员通过支持自然科学和促进对道德与社会有用的研究为公众利益服务。但是，社会功利这个概念本身也有歧义。作为衡量社会价值的尺度，社会功利与祖先和世袭的社会等级没有任何内在联系。像科学成果一样，它完全是个人的成就，与家庭地位无关。不仅如此，科学与功利都是面向未来，而不是面向过去。重要的是结果，不是根源。作为科学的保护人，学院的正式成员正站在一座摇摇欲坠的桥上，桥的一端是等级社会的社会习惯，另一端是他们关于个人成就和功利的新价值观念。笛卡尔此时已经提出了一种学说，主张科学处于盛行的社会等级约束与政治权威之外，法国各地的地方科学院接受这种学说，这是他的一项重要遗产。但是，科学院对笛卡尔的崇高敬仰本身也有其道德上的复杂性。孟德斯鸠在学院宣读的一篇论文十分清楚地揭示了这一点。他首先称颂笛卡尔的思想体系是不朽的，具有辉煌的简单性和完美的证明。笛卡尔是运用批判方法的大师，他消除了旧哲学的种种谬误。但是，在许多个别问题上，笛卡尔被证明是错的，后人无疑将远远超过他。不过，这丝毫不会减少他的荣耀；恰恰相反，这只证明，后人攻击他的错误，用的武器正是他本人锻造的。他教导后人，绝对不要未加深究便承认某种东西，包括他自己的哲学。这是一种十分新颖的观点，重新界定了人的伟大。众人颂扬伟人，通常是因为他达到了先贤的标准，或者是因为他符合关于高尚人格的古典静态的模式。现在，一个人的伟大在于他一生的工作能为后人造福，是否伟大，取决于是否有用。科学家受人崇敬，是因为他们对不断变化增长的知识整体作出了贡献，如果他们能帮助后人证明他们不对，那也是他们的功劳。这个意义上的谦卑与个人的谦虚无关。这个关于人之伟大的观点，是新颖的、动态的。为宣传这些思想出力特别多的是封丹奈尔（Fontenelle），巴黎自然科学院的常任会长。孟德斯鸠曾在巴黎会见过封丹奈尔。这种本质上动态而激进的道德观念不可能轻易得到地方学院成员的赞同，它与他们继承下来的信念展开了激烈的竞争。孟德斯鸠经历了一个非常缓慢的过程，才渐渐放弃了传统观点。为了赢得他的道德忠诚，这两种不可调和的态度竞争了许多年。他长期陷于怀疑状态，感到人类的信念复杂多样，这与他心中发生的道德信念冲突肯定是有某种因果关系的。

孟德斯鸠不仅为学院参赛者的作品写评语，也在学院宣读自己的著作，并使自己成为学院之道德理想的发言人。1725 年，他在学院宣读了“论应当激励我们研究科学的诸种动机”。这时，他已经形成了他最根本最持久的信念：科学是最好的道德药品。科学能治好我们的致命偏见并能防止它们重新产生。科学还能使我们幸福，原因是，随着我们不断提高自己心灵的品质并变得愈来愈有智慧，我们必定会感到一种深刻的自我满足。此外，我们自然而然地受到好奇心推动，它号召我们去研究科学。科学不仅使我们变得更有理性，当我们为建设思想大厦增砖添瓦时，科学还使我们变成了有用的人，这很令人愉快。科学对社会和经济的有用性是促使人从事科学研究的另一个动机。科学将创造出新商品，更多的商业、航海以及其他财源。医学、航海、天文、地理已经从科学家的工作那里获得了益处，今后仍将如此。谁不想与科学家共同努力使人类的境况远胜往昔呢？最后一个动机是，无知是危险的。不幸的美洲印第安人由于缺乏技术而无力抵御西班牙人的血腥攻击，谁愿意遭受他们的命运？这篇文章完美地总结了地方学院成员的抱负，并为他们的作法和活动提供了证明，至少在他们自己看来是如此。对孟德斯鸠来说，学院确实不是仅仅具有纯思想的价值。在他看来，在这个战争过于频繁的世界上，学院是和平的“圣殿”。学院是批评取代了暴力的地方。

孟德斯鸠曾对学院抱有极高的期望。他甚至提议学院编写一部难度极大的关于古代和现代世界的自然历史。这些提议没产生什么结果，但它们显示了孟德斯鸠对科学所抱的深广希望。像学院的其他成员一样，他报告论文进展，讨论他理解肤浅的课题，诸如回音的原因，物体的重量和透明性，气象问题以及解剖学的观察。他在这个过程中获得的知识对他显然十分重要，甚至很有启发性。没有这些地方科学院的活动，孟德斯鸠及其同伴与法国其他与他们处境相似的人不可能对科学思维和科学工作有这么多了解。他们不可避免地被拖入了新时代。总起来看，尽管孟德斯鸠毕生都十分关心波尔多科学院的事务，我们还是可以这样说，学院对他的好处远远超过了他对学院的贡献。

孟德斯鸠对科学怀有崇高的希望和敬意，但他对科学的未来并不总是乐观的。像许多同时代人一样，他担心有伟大发现的时代已经结束了。这当然无损于科学的道德尊严，也不会影响它对社会的有用性，但这是个非常真实的忧虑。在 18 世纪前半叶，生命科学没有任何进展，这个事实很可能证实了世人的担心。在相当长一个时期里，生命科学中出现了许多引人瞩目然而徒劳无功的思辩和争论，后来，它们似乎走进了一个死胡同。医学的情况尤其令人失望。没有一个聪明人相信医生能够治疗任何疾病。生物学领域被业余爱好者把持着，他们做着零星随意的观察，他们的证据观十分淡薄甚至根本没有这样的观念。在这些方面，孟德斯鸠并不比其他的贵族门外汉更有本领。他有好几架显微镜，并通过它们观察动物的器官，然后把他认为自己看到的东西写下来。

他博览群书，但是不喜欢也根本不懂数学和物理。所以，尽管他熟识许多当代著名科学家，但没有人建议把他选入高度专业的科学院。不过，当有人请布丰（Buffon）列举最伟大的人物时，他列举了培根、牛顿、莱布尼兹、孟德斯鸠，也谦虚地提到了自己。这并不是个孤立的判断。数学家达兰贝称赞孟德斯鸠是“他是科学领域中的牛顿”，瑞士植物学家查理·波奈（Charles Bonnet）作过同样的比较。著名生物学家毛波图依（Maupertuis）也作过类似的评价。这些科学巨人对孟德斯鸠著作的个别观点有些保留，但他们都把他看成他们中的一员，而且这种看法有充分根据。孟德斯鸠采用了他们的术语，分担了他们遇到的许多亟待解决的思想难题。这些难题之一就是从神学转向关于人的完全自然的科学。当时，这个转变尚未完成。实现这个转变的紧要任务，是从笛卡尔的形而上学灵魂肉体二元论，转向以生理学为根据的自然主义人类心理学。生物学家不想再谈论肉体和灵魂，不想再把决定人类行为的道德因素和物理因素说成是上帝意志的结果。相反，他们只想谈论人类发育和机能失调的自然原因。他们保留了旧术语，但是尽可能消除它们的超自然含义。谈论因果关系的语言也必须改变。语词还是原来的语词，但是意义已经改变。普遍的和偶然的原因不再是上帝进行创造活动的方式，现在，它们被说成是自然的原因，有些是持久的，有些只是偶然事件。在医学文献中，这些术语被用来指疾病的深刻原因，而不是指疾病的表面症状。孟德斯鸠在给学院一位成员的医学论文写的评语中，特别称赞作者力图找出疾病的普遍原因，而不是仅仅讨论特殊病例。最后，他作为政治历史学家提出了一个研究计划，其中心课题是关于因果关系的新语言。正是由于他做了这些工作，他赢得了自然科学家的敬仰。他们中的一个人在信中写道，正像牛顿发现了物质宇宙的规律一样，孟德斯鸠发现了精神世界的规律，这是个可与牛顿的发现相媲美的成就。

说孟德斯鸠是严肃的自然科学家，也许是荒谬的。但是，他确实从生物学尤其是在医学文献中学到了不少知识，这些知识是他创立关于作为社会存在的人的科学所必需的。他的政治理论之核心所依赖的基础，是些关于物理环境尤其是气候如何影响人类性格与政治制度的观念，他的理论核心所依据的材料，就是他阅读医生的著作时搜集的。这些医生造就了孟德斯鸠的思想品格。他像他们一样，希望建立一门能鉴别和描述病因的科学，区别只在于他研究的不是身体的疾病，而是社会的崩溃和专制主义的濒死状态。因此，在他创作其毕生杰作的道路上，他必须学会如何科学思考人体的功能和衰竭，他和他喜爱的作家把人体叫做“我们的机器”。从总体上看，他倾向于赞同医生中的“生机论者”，这些人相信身体处于一种恒常的“发酵”状态，换句话说，身体的液体物质或“体液”之间经常处于化学相互作用的状态。当这些体液之间出现不平衡时，疾病就发生了。在关于人类繁殖的激烈争论中，孟德斯鸠站在比较激进的“渐成论者”一边，这一立场与上述观点是一致的。18 世纪早期的正统生殖理论主张“预成”，也就是说，男性的精子或者女性的卵子包含一个“胚胎”，这胚胎就是微小然而完全的人。两性的接触只是启动胚胎的生长，上帝早就一劳永逸地创造了全人类。但是，少数杰出的生物学家反对这种理论，他们认为是被热刺激的男性与女性的体液偶然结合形成一个胎儿。这种观点的主要优点是，它完全排除了神的干预，而且恰当地解释了子女继承父母双方特征这一事实。预成论者认为子宫内发生的影响可以解释这个事实。实际上，环境在这两种理论中都发挥巨大作用，因为两种理论都相信社会特征可以遗传。不过，渐成论也使重大真实的生物变化看起来可能发生。孟德斯鸠确实相信液体的不同混合可以导致新的动植物物种出现在地球上。

孟德斯鸠有时认为《圣经》上说的那个“漫不经心的上帝”一点责任心也没有，因为他抛弃了我们，只留给我们一个盲目的信仰作指南。实际上，他还认为上帝创造了世界并离开了世界，一个自生自保的自然界取代了上帝。这个观点对他不仅有科学魅力，也有审美魅力。他想把自然界想象成运动的、变动不居的。他在笔记中写道，“万物都有生命，万物都有组织”，在自然界的奇迹中，人的身体最令人惊奇。“当我们观察在这个小小王国里得到遵循的那些不变的律法时，当我们思考为了公益而共同工作的那些数不清的部分时，我们看到，这些动物精神是那样桀骜不驯，又是那样服服帖帖，这些运动是那样服从规律，有时又是那样自由不羁；这个意志像女王似的发号施令，又像奴隶般地俯首帖耳，这些周期准确无误，这台机器的活动如此简单，原动力却如此复杂；这种力量与生命的不断更新；这个生殖繁衍的奇迹，新的需要总能得到新的满足：这是多么智慧而经济的伟大思想啊!”人是自然的杰作。自然是有创造力的、能自我更新的、可敬的、美丽的、令人激动的，甚至是可爱的。沉思与理解自然，乃是我们能从事的最有教育意义的活动。它能使我们分享一种能开阔和改变思想的经验。整个人类的兴盛与衰亡，只是显示了上帝的原处设计有无穷无尽的生命力，绝不会使我们陷入伊壁鸠鲁式的忧郁。也许正因如此，孟德斯鸠晚年在给瓦伯顿(Warburton)主教的信中说，攻击天启宗教只是反驳一种特殊学说，反对自然宗教则是攻击宗教本身，这种攻击可能危害社会，违背我们的自然情感。

当时，每次生理学论战都涉及心灵与肉体的相互作用。道德哲学家与政治哲学家对这个问题也极感兴趣。例如，参加生殖论战的双方都认为天生的缺陷是由于某种东西惊扰了孕期的母亲。这些论战的背后，是笛卡尔的不可调和的二元论。孟德斯鸠倾向赞成这样一些科学家，他们修改了笛卡尔的理论，认为人有两个灵魂，一个是理性的，另一个是感性的。感性灵魂控制“动物精神”，动物精神刺激身体的运动并把感觉的信息传递给心灵。“体液”也影响感性灵魂，整个物理环境尤其是气候也通过体液影响感性灵魂。病人的整个生活方式都会影响他的病并使其具有个人特点，原因是，物理原因和道德原因在人的健康和疾病中不可分割地结合在一起。在这里，最重要的用语变化就是从肉体和灵魂转到了行为的物理原因和道德原因，从而完全回避了笛卡尔和宗教所讲的灵魂。尽管孟德斯鸠不是彻底的唯物主义者，但他立刻就对这个策略表示赞赏。事实上，他有时甚至倾向赞同最唯物主义的医学家，他们断言灵魂是由无穷小的粒子组成的，仅从广延和运动的角度思考就可以完全理解人类。一般来讲，他不赞成这种观点，因为它没有把人与动物充分区别开。孟德斯鸠对身心关系的真正兴趣不是哲学的。他想知道的是，物理原因和道德原因如何在漫长时间里影响个人与群体之性格的发展，这些性格如何变化。像医学家一样，他需要的是能解释幸福与痛苦之原因的理论，而不是关于灵魂之本质的思辩。他以这种方式和其他许多方式加入了生命科学家的文化探索，当然他有自己的目的。他像希波克拉底一样确信医学知识是良好的教育不可缺少的组成部分。

孟德斯鸠本人与波尔多科学院的交流不是在科学方面，而是在历史和政治理论方面。他的思想兴趣具有惊人的稳定性。他最早的札记和论文绝大多数都经过进一步发挥重新出现在了他的成熟著作中。拉布莱特图书馆以及他和秘书的记录本都表明他一生酷爱读书。除了科学书籍，他还认真阅读了古今史学家和哲学家的著作。（他特别喜爱普鲁塔克的作品。）他读过各种风格的当代文学作品，尤其对游记感兴趣。地理和人种学也使他着迷。在现代作家中，笛卡尔无疑十分重要，但对孟德斯鸠影响最深的是蒙田。在孟德斯鸠的著作中，经常可以清晰地看到蒙田《随笔》的印迹。孟德斯鸠的同时代人很快就发现了他们之间的相似性。总而言之，孟德斯鸠喜欢一切知识，他孜孜不倦地搜集着零零星星的事实，其中包括从英国和荷兰的报纸上剪下的文章，他把它们一一整理归档。这种阅读起初并未激发出不同凡响的反思，他早年住在波尔多时的确未显出与众不同。直到他过了30岁，他的思想的独创性才突然在一部惊世骇俗的小说里得到了表现。

在孟德斯鸠最早的写作计划中，有一项是模仿西塞罗的《论职位》写一本论义务的书，但他放弃了这项计划，因为这个问题看起来太含糊了。他一直很欣赏西塞罗的品格和宗教理性主义，但不想仿效他。那本论义务的书稿至今仍在，其中最重要的部分讨论的是政客，即倾向于成为马基雅维利式机会主义者的政治人物。孟德斯鸠并不从道德角度指责他们，但认为这些人思想肤浅。他们轻率地过高估计了预测和计划未来的可能性。重大历史事件的真实原因存在于遥远的过去，它们极为模糊不定，我们既无法助长它们，也无法阻挡它们。英国的查理一世无疑是个极其无能的统治者，但是，无论多么高的智力都不可能阻止那场吞没他的风暴，因为这场风暴的种子是都铎王朝刚建立时实施的政策播下的。孟德斯鸠倾向赞同修昔底德的一种观点，后者认为，资质平庸的人能够成为最优秀的政治家，因为他们不可能从事大胆然而富有破坏性的冒险。马基雅维利及其信徒太喜欢进行不明智的冒险。在这里，孟德斯鸠降低了道德的调子，但在一篇也是为学院写作的论真诚的文章中，道德的调子十分高昂。他写道，在私人生活中虚假地彼此客气会使我们无法赢得真正的友谊；但他的真实靶子是王宫里公开的谄媚。对谄媚，他一贯深恶痛绝。宫廷中的真诚之士就像奴隶中的自由人一样。显而易见，孟德斯鸠生前是个对政府相当不满的贵族。在这些道德文章中，有一篇是论名誉的，它反映了孟德斯鸠早年对社会变革的兴趣。他注意到，名誉完全取决于一定时间地点的价值观念。如果一个人想出名，那么他必须准确知道他那个时代的精神是什么。他也尝试像普鲁塔克那样论述人的双重生活，但这看来是一次偶然的消遣。

孟德斯鸠在波尔多期间写过不少文章，其中最重要的是有关国家财政和绝对君权的两篇论文，它们都涉及了他一生最关心的一个政治问题，这个问题就是帝国的结构，具体地说就是发动帝国主义征服战争的无用性和危险性。其中论财富或准确地说论西班牙由富变穷的那篇论文几乎原封不动地载入了《论法的精神》。这篇文章原本是另一篇文章的姐妹篇，后者论述的是近代欧洲实现绝对君主统治的可能性。孟德斯鸠论证说，欧洲已经成了一个单一的经济单位，各个部分之间相互依赖，所以，欧洲国家之间的战争胜败难卜、绵延无期、代价昂贵、自取灭亡。庞大的军队需要惊人的开支。不仅如此，战争也是无用的，因为欧洲的大国不可能被欧洲大陆的对手征服。他认为，西班牙的例子已经断然证明了上述论点的正确性。他确信，建立帝国的计划已经成为毫无希望的事业。西班牙的国王用从新发现的美洲领地掠夺的黄金养军，希望用这些军队征服欧洲。事与愿违，他们毁坏了西班牙。黄金的大量流入仅仅降低了黄金的价值，导致通货膨胀。可以运输的货量未变，但是生产费用上升了，因为黄金的价值不断下降。他后来注意到，美洲当地的矿工从劳动中一无所获，因而在美洲的金矿周围也没像在德国和匈牙利那样发展出地方经济。与英国人和荷兰人不同，西班牙人并未把他们的黄金投入商品生产，他们只是把它积攒起来，然后在战争中浪费掉，与此同时，他们的可征税财富却变得愈来愈少。孟德斯鸠这些 1724 年写的笔记和他后来对相同课题的研究，为他赢得了现代经济学家尤其是凯恩斯勋爵的敬佩。

孟德斯鸠关于国家财政的第一篇论文有个更加直接

的目标。1715年，路易十四刚死，他就写了一篇关于法国公债的研究报告，并希望能对正面临长期严重财政困境的新政府发挥影响。他提出的巧妙计划，不是增税，而是拒付债务。他建议的最大变革是，由国王承担教会的债务，作为回报，教会以后向王室正常纳税。他也建议紧缩开支，但他提议的要点是按比例分配由于国家拒付公债造成的负担，使每一个债权人与其他人仍然处于与从前完全相同的相对位置上。这样做不会导致相对剥夺，因而就不会造成实际伤害。这揭示了一种十分盛行的财富观，即把财富看成是社会地位的标志，而不是看成个人财产的积累。国家财政的社会后果是孟德斯鸠长期关心的一个问题。后来，他指责约翰·洛（John Law）的灾难性贸易和金融计划，也是因为它们搅乱了整个社会。为了迅速稳定王室的财政状况，精于操纵金融活动的约翰·洛获准先成立一个中央银行，然后附设一个联合股份公司，这个公司被授予了专营权，负责开发法国在密西西比河沿岸拥有的大片土地。经过一阵狂热的股票投机，整个公司和银行于1720年宣告破产，造成了法国版南海泡沫（南海泡沫是十八世纪英国殖民公司南海公司在南美进行股票投机的骗局——译者注）。孟德斯鸠对这个事件的主要批评是，它使一些穷人突然变得腰缠万贯，同时又使一些长期富有的人几天之内变得一贫如洗。约翰·洛逃亡国外多年后，孟德斯鸠仍然对他感兴趣，他甚至在这位年迈的金融家去世前不久在威尼斯会见了他。他想准确理解约翰·洛究竟做了什么以及他的经济思想是什么。他发现，指使约翰·洛的权臣比约翰·洛本人更应该受到谴责。

路易十五继位初期，统治法国的是摄政团，在有关摄政时期政治的其他问题上，孟德斯鸠也表现出了他的谨慎和冷静。他写道，摄政时期的大臣们推行了一连串失败的计划，尽管愿望良好，结果却只是造成了混乱。权威与软弱交汇在一起，大多数时候毫无效率。不过，正像大多数法国人一样，孟德斯鸠深为路易十四黑暗的高压统治结束而高兴。他此后一直尖锐地批判路易十四时期的宗教不宽容和穷兵黩武。与此形成对比的是，他与摄政时期统治法国的许多人结下了友谊，尽管他从不肯在宫廷中出现，他认为这样做有失他的尊严。较大的思想自由和松驰的两性关系对他产生了巨大的影响。1721 年，他发表了一部不敬上帝招人反感的精彩小说，这本书根本不像是出自一个地方法官之手。《波斯人信札》是一部十全十美的摄政时期小说，它面向的读者是愿意享受思想自由并对一切偶像和规范进行机智批判的人。孟德斯鸠因此书一举成名，尽管他不承认自己是作者，但人人都知道是他写了这本书。从此之后，他的许多时间都是在巴黎度过的，并且很快就结识了首都那些最聪明最时髦的人。假如孟德斯鸠不是贵族，那么他就不可能在那些沙龙中受到欢迎，但是假如他没写出这部赏心悦目的小说，世人就根本不会注意到他。他非常喜欢盛行机智和风流的贵族沙龙，并与一些女主人成了最好的朋友。他与德芳夫人（Madame du Deffand）成了终身的忠诚朋友。孟德斯鸠失明后不久，德芳夫人也遭此厄运，孟德斯鸠给她写了一封十分动人的信。当然，这是许多年以后的事了。孟德斯鸠在摄政时期的生活是很轻浮的。

但是，孟德斯鸠在巴黎期间并不是把全部时间都花在无所事事的寻欢作乐上。他关心着波尔多科学院的特许状问题和学院的其他事务，并以上诉法院院长的名义活动。他的朋友们也积极促成他入选法国科学院。这件事遇到了一些困难，因为国王听说过他写了一本否定宗教的书，但是后来国王还是在 1728 年允许孟德斯鸠进入法国科学院。在此之前，国王向他最信任的顾问弗洛里大主教（Cardinal Fleury）征求意见，弗洛里向国王保证说孟德斯鸠的书中没有攻击宗教的内容。尽管孟德斯鸠在文学界和社会上都获得了成功，但他还是有几分不快。

他不想被世人视为文学家或文人。他发现很难把他的文学才能和思想才能与他的社会地位统一起来，甚至在他1725年辞去上诉法院院长职务后仍然是这样。也许正因如此，世人仍然称呼他为“院长先生”。但是，我们没理由相信他曾后悔放弃地方法官生活而到巴黎当文化名人。有谣言说他卖掉院长职位是因为巴黎的生活开支使他陷入了财务困境。但是，卖官并未给他带来很多收入，我们也没理由认为他的产业在他妻子经营下收不上利润。更为可能的是，经过写作《波斯人信札》并体验到巴黎高级生活的快乐，他不想再去履行一个从未给他带来多少满足的职责了。他在波尔多有些老朋友，都是他这个社会等级的人，他与这些人一直保持通讯联系，但他的生活现在是以巴黎的社交圈和拉布莱特为中心了，他在拉布莱特安静生活了许多年，并在此完成了他的杰作《论法的精神》。

入选法国科学院不久，孟德斯鸠就开始在英国朋友瓦德格拉夫勋爵（Lord Waldgrave）的陪伴下出国漫游。他访问了奥地利、德国、匈牙利和意大利。每到一处，他都找社会名流和政界显要交谈，同时也尽量搜集关于国民经济状况的可靠资料。意大利之行对他显然是一次难忘的经历。那里的艺术作品令他五体投地。此外，几位意大利历史学家和法学家向他传授了大量有关罗马历史的知识，他对罗马史一直很感兴趣。这些学者对孟德斯鸠的后期工作作出了巨大贡献。他的两部哲学著作，即《关于罗马人兴衰之原因的思考》和《论法的精神》都深受欧洲最先进的史学研究影响，当时的意大利是历史研究最繁荣的地方。

欧洲之行结束后，孟德斯鸠去了英国，一直住到1731年，大约有两年光景。在此之前，他论述过英国的自由，但是他实际看到的似乎还超过了他的期望。他在英国期间出席过几次议会辩论并密切注视着各种政治事件。在他的正常社交圈子里，他是个很受欢迎的人。虽然他喜欢住在才智平平的公爵们建在乡村的房子里，他也交了不少科学家和作家朋友，并且加入了伦敦的共济会。1731年，孟德斯鸠当选为皇家学会会员并且经常出席学会的会议。大名鼎鼎的自由思想家马丁·福克斯(Martin Folkes)当时任皇家学会会长，孟德斯鸠认为福克斯是他最亲密的朋友之一。他在笔记本上写道，福克斯是他遇到的唯一一位十全十美的人。英国的思想自由和政治自由不仅使孟德斯鸠个人感到满意，它们对他后来的全部思想发展也起到了很重要的作用。英国向他证明，法治和政治自由是现实的可能性，所有的现代欧洲国家都可能以某种方式实现它们。法国也不是必须永远维持绝对的君主专利。在这些信念鼓舞下，他回国后立即着手写作《论法的精神》。此书于1748年出版，获得了巨大的成功。孟德斯鸠在去世前完成了修订版的准备工作，并且对该书作了评注，评注工作是在坚决反击耶稣会员和詹森主义者的攻击时完成的。那些人指责他的学说是斯宾诺莎主义，攻击他不信上帝，用解剖学家的眼光看待道德事务。孟德斯鸠基本上不反驳这些指责，只是强调了他的著作的自由主义和反教权主义本质。他充分享受了这本书为他在法国和全欧洲赢得的盛名，一直到他去世。他曾试图不让这部著作进入教会的禁书目录，但是没有成功。

英国似乎使孟德斯鸠变得激进了。他晚年与最有成就的较年轻的文学家们相处得十分和谐。当时有更多的高级沙龙向出身低贱的人才开放，比起孟德斯鸠年轻时，这是一项进步。孟德斯鸠无疑跟上了这些潮流。他与《百科全书》的编辑们尤其是与达兰贝建立了友谊，并与它的总撰稿人饶科（Jaucourt）成了朋友，饶科在为《百科全书》撰写的条目中通俗地阐述了孟德斯鸠的思想，他的阐述差不多是面面俱到的。达兰贝为法国科学院写的孟德斯鸠颂发表在《百科全书》第五卷的卷首，独特地表达了作者们对这位深受爱戴的人物的颂扬。孟德斯鸠甚至同意为《百科全书》撰写《论情趣》的条目。众所周知，《百科全书》是部煽动性很强的书。他生前未完成这篇文章，但它的未完稿经伏尔泰补充后正式发表了。这是个团结的象征。伏尔泰曾长篇累牍地批判孟德斯鸠的政治思想，但当教会攻击孟德斯鸠的著作时，伏尔泰却与他站在一起。孟德斯鸠赞赏伏尔泰的某些诗，但在笔记中却表示十分鄙视他的品格和思想。他与年轻的启蒙哲学家们的联系也不是私人的联系，而是一种志同道合的关系。他们从来没有像上流社会的某些女主人那样接近孟德斯鸠。看起来他没有改变不当文学家的想法。他似乎最珍惜英国朋友的友谊，他的这种情感也基本上得到了回报。

1755 年，孟德斯鸠患了一种听起来像流感的病，他很快就意识到自己将不久人世。他像平常一样简洁地说，“这个时刻并不像想得那样可怕”。就在他卧以待毙之时，耶稣会员与他的朋友们正在进行一场不体面的斗争。耶稣会员们想向世界证明年迈的怀疑论者在病榻上返回了教会，孟德斯鸠的朋友们则想让世人知道他并未放弃自己的怀疑。这种情形在当时已经屡见不鲜了。有证据表明，一贯不愿意小题大做的孟德斯鸠想使双方都满意。

他早就说过，随着年龄的增长，人必须学习怎样死亡，他显然已经准备好体面地迎接死亡。他去世时，守候在身边的是几位巴黎的贵族朋友。狄德罗是唯一一位参加葬礼的大文学家。看来孟德斯鸠至死也没有解决他的种种矛盾。

关于孟德斯鸠的个人生活，我们知道的很少。他遗留下来的书信丝毫无助于揭示他的生活。他的大多数书信是在讨论波尔多科学院的问题、他自己的经济事务、无穷无尽的诉讼，还有一些闲聊，此外有几封致无名女子的情书。他给小女儿写过一些亲切而平淡的信，给儿子写过一张便条，告诉他要努力读书，不要沾女人的边。我们找不到他致妻子、长女和妹妹的信，也没发现后者给他的信。他的儿子写过一篇生硬枯燥的回忆，告诉我们他的父亲是个天才的、快活的和节俭的人。孟德斯鸠旅行时写下的也都是他的耳闻目睹，而不是他的亲身感受，所以他自己的笔记只有很小的传记价值，根本不能向我们揭示他的人格。他是作家中忏悔心最少的一位。他曾两次企图写自传，但开篇就宣布写自传是件蠢事。其中一次的结果是一篇简短不全的家族速写，这是为他孙子写的。他开头是写族谱，但马上就说这是蠢事。写完了这个乏味的开头，他让孙子不确信他不必为他的家族脸红。这个家族只有三百五十年确实的贵族历史，他既不应该为此骄傲，也不应该为此羞愧。孟德斯鸠告诉孩子说，他很珍惜自己的名字，他的命运与他的出身恰好相配，这是件好事。他有一次给儿子写信，说他长大后必须在法衣和剑之间进行选择。法衣将给他较多的自由，剑将给他带来较为远大的社会前程。这些话都是不能更普通的言论。实际上，孟德斯鸠的儿子没有接受父亲的建议，他成了一位温和的自由主义者，隐居乡村的绅士，显然是非常虔诚的天主教徒。

孟德斯鸠第二次试图写自传时，一开头也是先否定这项工作的价值。为他自己画像的唯一理由就是他确实很了解自己。接下来他罗列了他的性格特征和典型的反应，但是读完了这个叙述并不能增加我们对他的了解。他告诉我们说，他通常是快活的，他的灵魂喜欢遇到的一切事物，所以他既喜爱乡村，也喜爱城市。早晨醒来时，他怀着一种隐秘的快乐迎接白天。（这很可能与他不断下降的视力有关，他晚年的二十多年是在彻底失明的状态下度过的。）他对家庭的爱使他负责照管重要事务，但他让别人去操心细节问题。他的好品格包括：从来不忌恨人，既不吝啬，也不奢侈。他也有不大光彩的一面，他承认自己与大人物在一起时极为胆小，既怕表现得太聪明，也怕显得太愚蠢。他年轻时曾对几位女子倾心，他相信她们爱他，但是一旦发现她们不再关心他，他就立刻离开了她们。世人猜测他不喜欢与在他看来社会地位高于他的人在一起，因为他们使他感到不自在。从他的同时代人关于他的为数极少的议论，我们知道他在上流社会中很少说话而且极为心不在焉。他的书信给人的印象是，他是个忙碌而快活的人。只是在一封致德芳夫人的信中，他说自己难过得无法做事，只能看小说，但他没说为什么。据我们所知，这是他唯一一次公开承认他不快乐。

孟德斯鸠对他的个人生活保持缄默并不是偶然的。他根本反对内省，因为内省会使我们以自我为中心。斯多亚派有句格言，说哲学的目的是认识自我。孟德斯鸠很欣赏这句格言，但认为斯多亚派选择的手段是自拆墙脚。自爱必然使我们在评价自己品格时成为腐败的法官。在我们周围，像那喀索斯（Narcissus，希腊神话中因爱恋自己水中的影子而憔悴致死的美少年，死后成为水仙花。——译者注）那样顾影自怜的人已经够多了，分析自我只会增加他们的人数。我们真正需要的不是察看我们自己的心灵，而是由真诚的朋友直率地指出我们有哪些不是和错误。唯一有效的道德教育是愿意相互改进的人坐在一起进行不拘形式的交谈。世人由此可能推测孟德斯鸠是个外向合群的人，但他的笔记并不能使人产生这种印象。

事实上，把孟德斯鸠描绘成一个单纯快乐的人，将会遇到很大的困难。他的小说也是一部黑色幽默的杰作。主人公乌兹别克（Uzbek）是东方的独裁者，性格极为忧郁，总是折磨自己，他在很多方面与作者本人是类似的。孟德斯鸠的一些朋友和他儿子就称呼他为乌兹别克，可见这种相似性并不是秘密。此外，在写完小说后不久，孟德斯鸠又写了几篇较短的寓言故事，它们不像《波斯人信札》那样有哲学含义。它们是些充满巧合与不幸的集暴力、忧伤和激情于一身的故事。事实上，孟德斯鸠的所有小说都在讲人类不可能幸福，这既不意味着作者对自己满意，也不意味着他对世界满意。从社会角度看，他的所有著作都暗示我们的习惯和获得的信念会给我们造成心理上的伤害，我们的需要与习俗永远不和谐。这也不能证明孟德斯鸠的心是平静的。

当然，事实很可能是，孟德斯鸠对他自己的生活感到满足，但是对周围的世界不满意。他最直接的思想先驱蒙田就认为世界很可怕，然而却很喜欢自己。不过，正像真正的怀疑论者应该做的那样，蒙田对自己有很深刻的反省，并且向世人描绘自己。对“我知道什么？”这个问题，蒙田回答说：“我自己”；相反，除了乌兹别克可能是他虚构的自画像以外，孟德斯鸠从来不谈自己。这两位波尔多的绅士有颇多相似之处，他们都憎恨战争和宗教不宽容，思想兴趣也很接近，但他们在这方面确实有区别，原因可能是他们对宗教的怀疑，起因不同，性质也不同。他们都不是无神论者，但是都抛弃了基督教信仰。对蒙田来说，使基督教丧失道德品性的是宗教战争。孟德斯鸠不能接受基督教则是因为笛卡尔之后的科学。所以，作为一个怀疑论者，孟德斯鸠比蒙田和大卫·休谟要片面得多，尽管休谟是他敬佩的朋友。孟德斯鸠不怀疑人可以获得确实的科学知识，他的文化相对主义并没有扩展到哲学怀疑中。他也不是历史怀疑论者。与伏尔泰不同，他并不因为历史证据均不可靠以及人无法确切认识过去而苦恼。他理所当然地认为或相信他可以找到他需要知道的全部事实。因此，他的问题不是“我是什么?”，也不是“我能认识什么?”，而是“你是谁?”“我怎样才能认识你?”“我们怎样才能认识那些与我们完全不同的人?”。他的全部著作都是为了解决这些问题，这些著作对一些人类学知识予以极大关注，特别能表现这一点。由于存在如此众多的地方宗教、道德信念和风俗习惯，我们必须暂时不下结论，必须培养一种对他人的宽容的尊重。因此，宗教暴力的残忍令他极为恐怖，但未必导致他失去对基督教的信仰。他似乎从来就没有多少可以失去的东西。宗教怀疑并未动摇他的坚定信念；作为一个怀疑论者，他既不苦恼，也不动摇。科学提供了他所需要的全部确定性。尽管他反对欧洲人的文化独断论和宗教独断论，并运用大量信仰和习俗嘲笑它们各自的狭隘优越感，但他未对欧洲的科学进行这样苛刻的批判。他在其他方面是彻底的相对主义者，但他从来不曾相对主义地对待科学的真理。从心理学和哲学两方面看，他都是那种用怀疑引出关于世界的事实的怀疑论者，而不是用怀疑引发情绪或思想反叛的怀疑论者。孟德斯鸠的怀疑主义与对政治改良的希望也不矛盾。像比他晚一代的许多自由主义贵族一样，他相信法国可以改革。他认为没有理由向一个远离民众的专制国王交纳苛刻的税收，这个时候，他大概是个只有一半忠诚的贵族臣民。对封建王权的不服从，加上现代的科学智慧，不会导致对旧制度下的教会与国家的消极服从。事实上，尽管孟德斯鸠有很多保留，对未来也没有强烈的感受，但他比蒙田更看重希望。蒙田认为旧习惯比新习惯好，唯一的原因是习惯是个好兆头，新奇的东西不值得向往。孟德斯鸠的这种灵活性和他的公开的反教权主义，使他成了年轻的启蒙思想家与后世的自由主义者心目中的英雄。

孟德斯鸠的政治哲学没有乌托邦的内容。实际上，他的整个生涯证明，经过托克维尔宣扬而流行的观念是错误的，这个观念认为启蒙运动的知识分子缺乏实际政治经验。事实上，《百科全书》的许多撰稿人是高级文官，还有一些撰稿人来自长期担任教职和政府职务的家庭。孟德斯鸠在这方面并无特别之处。尽管他成了法国自由主义最激进的代言人，但他始终是“院长先生”。正是因为他对这个世界认识得如此透彻，他个人的天才方得以在摧毁世界的陈旧习惯与信仰和宣传更人道的政治方面得到了表现。这并不是说他内心没有矛盾。他承认他不能不写书，尽管他为此感到惭愧。他是个撰写激进著作的贵族和法官。但是，他那贯穿于全部著作中的最深刻的信念使他超越了这种矛盾。他写道：“知识使我们文明，理性使我们人道。令我们厌弃的唯有偏见。”这是真正的启蒙之声。

第二章

《波斯人信札》：别人怎样看我们

可以肯定，孟德斯鸠在波尔多结婚和定居后不久就开始写作小说《波斯人信札》。他的想象显然使他远离了他在当地的冷静追求。故事的背景一部分设在波斯的一个后宫，一部分设在摄政时期巴黎的沙龙里。书中处处都可以感到路易十四死后出现的那种勃勃生机。路易十四高压政策的突然废除使法国政府陷入了混乱，但也使有钱人可以任意地公开沉湎于寻欢作乐。政府的无能使孟德斯鸠感到不安，但他尽情享受了宽松的社会气氛。变化无疑是有界限的。书报检查仍在执行，宗教自由甚至未得到考虑，新教徒仍然不得不流亡在国外。不过，与不久前相比，摄政时期看起来温和多了，这种气氛积极刺激了有怀疑精神的思想家。君主政体及其行为规则的变化幅度刚好使这种制度不再显得那么不言而喻地正当、必然和不可改变。在新出现的批判家中，没有人比孟德斯鸠更尖刻，他的讽刺和轻蔑的嘲笑都是无与伦比的。对周围的混乱状况，孟德斯鸠显得喜忧参半。

《波斯人信札》是在阿姆斯特丹匿名出版的。作者在序言中十分理智地解释道，如果批评家知道了他的身份，他们会说："他的书与他的性格是矛盾的；他应该把他的时间花在更好的事业上；这本书不值得让一个严肃的人写。"一句话，世人不会想到一个戴帽子的院长会写这种书。出版商曾申请"默许"此书在全国销售，但是检查官既未同意也未拒绝这一请求，这意味着可以把它偷运到法国而不必冒太大的危险。不过，直到大约十年之后，它才出现在法国书商书目中，效率低下的书报检查机关从未影响过书的销售，《波斯人信札》不出意料地成了抢手货。在八年期间，每年都有新版本问世，并且出了数不清的仿作。

孟德斯鸠这部小说的主要内容是两个到欧洲观光的波斯人与他们在波斯的朋友、仆从及妻子的通信。孟德斯鸠开始写作时，书信体小说已经不新鲜，写实的和虚构的游记文学也已盛行。使用外国人也已经成了嘲弄自己的时代与国家的普通文学手段，正像我们现在使用天外来客一样。耸人耳目的不是《波斯人信札》的形式，而是它的内容。此外，采用多人通信的手法也完全适合孟德斯鸠的怀疑主义目的。这种体裁使他可以很自然地同时表达多种意见，发出多种声音。书中的人物直接发展、变化并揭示自己，作者根本不必用评论或描写打断他们的交谈。这使故事显得很真实，由于故事的部分背景设在陌生的东方，要做到这一点并不是件容易事。孟德斯鸠在后来一种版本的导言中写道，有些读者可能会因为在这本书里发现“一种小说”而惊奇。总起来说，最重要的是把关于观光者对法国之反应的信和那些关于波斯后宫日益加剧的混乱状态的信结合起来。孟德斯鸠指出，这样做的理由是，作者并不想让这本书成为一本普通的小说；色情故事是一项哲学与心理学研究的必要组成部分。这本书的赏心悦目之处是“现实事物之间永恒的对比……和世人感知这些事物的奇特方式”。确实，它不仅表明各种信念和习俗如何在一个外国人的惊异目光注视下黯然失色并丧失其确定性，而且说明了观光者如何被在异国的生活经验逐渐改变。法国读者因为看到自己在一个波斯人眼中的形象而受震动，波斯人则因生活在国外而被改变。与一个社会的成员没有共同联想和自我理解的人经常会发表一些可笑但也令人不安的评论。根本不知道荷马为何许人的人会问，世人何必为一首古诗有何优点争论不休呢？［《波斯的信札》，xxvi（罗马数字是书信编号，下同）］一个没有戏剧观念的人看喜剧时看到的是一幅何等疯狂的画面（《波斯的信札》，xviii）？这本书也进行了一次专门的政治思想实验。波斯主角乌兹别克在家里是个暴君，他在法国住了九年，其间表现出来的特殊幻想和习惯行为尽管与他所处的外国环境有冲突但又深受其影响，还是渐渐地回答了"生活得像暴君一样并把他人当成个人财产是怎么回事?"这个问题。专制主义是孟德斯鸠永恒的噩梦，他一开始著书便想象了专制主义邪恶的心理结构及其对社会的镇压作用。这部小说对社会的讽刺集中表现在对乌兹别克的国内舞台的描绘上，这些描绘使孟德斯鸠对专制主义的看法具备了心理学力量，本书的主题即自我欺骗的绝对力量也是围绕这个场景展开的。

对世人最珍爱的幻觉进行无情的嘲笑是理智激进主义的集中体现，孟德斯鸠的第一批读者充分领会到了他的大胆。我们不应当把这种嘲笑与改革社会的计划混为一谈。马克思主义批评家敏锐地注意到，作为一个小说家，孟德斯鸠的艺术风格是静态的、洛可可式的。它对事物提出了疑问，但没有进一步作出革命的答复。据他们说，这反映了一个社会的矛盾，在这个社会中，正在衰落但仍然强大的贵族与迅速崛起但尚未获得自我意识的资产阶级正处于一种僵持状态。也许事实的确如此，不过孟德斯鸠最早的读者们肯定不是这样看待这部书的。孟德斯鸠借波斯人之口说出的意见大胆得令读者震惊。他们确认那是他本人的意见，他只是在扮演一个“外来人”。事实上，孟德斯鸠使自己成了双重的外来人，一方面是身居巴黎的波斯人，另一方面是住在波斯后宫中的同一个波斯人。使自己在一个陌生的社会中时如同在家里，同时又使一个外国人真正生活在他自己的社会中，这本身就表现了想象的自由。从一个方面看，波斯后宫是法国王宫生活的隐蔽而晦暗的写照，但同时又如实反映了波斯的专制社会。这个后宫的主人乌兹别克本身就是个讽刺性的证明，我们从他身上看到，一个人可能十分清楚理性地观察一个陌生的文化世界，却无法清楚理性地观察自己的文化世界。不过，创造乌兹别克这个人物的作者，在创造这个人物的同时，也证明了一点，那就是，一个人可以超越他沿袭下来的成见和轻视，一反常态地看到事物的本来面目。对孟德斯鸠来说，这是道德和理智的胜利。

《波斯人信札》的第一批评论者都把目光集中在了使该书引起轰动的善意嘲笑上。如果把它看成是波斯风俗的喜剧和法国社会的漫画，它的确是一部机锋百出的书，但是，米谢莱（Michelet）认为把它看成一部轻松的小说是浮浅的，这的确是真知灼见。书信的主题是后宫生活的恐怖、专制主义、宗教对我们行为的影响、政治堕落、两性关系、嫉妒、自杀、虚荣、幻想和怀疑，书信为这些主题蒙上了一层悲剧的色彩。最令人费解的是乌兹别克的性格，他在某些方面可谓是孟德斯鸠的另一个自我。乌兹别克是开朗的哲学家，同时又是暴君。他起初只看到了“世俗”欧洲人的愚蠢，后来承认自己有波斯人的悖理性格，但他又无法克服甚至不能控制他的非理性。最后，当这个聪明敏锐的人在绝望的暴怒中将自己关在后宫里时，理性本身也受到了怀疑。如果乌兹别克的许多意见就是孟德斯鸠本人的看法，那么他除了当作者的代言人，还扮演了许多别的角色。首先，作者意图让乌兹别克证明当时流行的“开明专制”理论有致命的缺陷，这种理论认为，对开明的专家言听计从的理性而全能的统治者能够迅速把法国改变成一个良好的社会。孟德斯鸠设计乌兹别克这个人物，目的是证明专制主义必将战胜理性，其结果将是特别恶劣的压迫。

我们初次会见乌兹别克时，他非常虔诚。这个正统的穆斯林的行为与基督徒很相似，这一点十分有趣。他在第一封信中写道：“我们只在库姆逗留了一天。我们在生过十二个先知的童贞圣母墓前作完祈祷，就继续我们的旅行。”他后来对基督教宗教活动的敌意完全是起因于这两种信仰都有一些极为愚昧的成分。不过，宗教并没有完全笼罩乌兹别克的心灵。他在一开始说，他想出国寻找超越他自己国境的启蒙。但是，他在另一封信中承认他因为向统治者说真话在宫廷树了敌。他从宫廷退出，假装对科学感兴趣，后来真的爱上了科学，但他仍然身处险境，因而不得不出走（《波斯人信札》，viii）。这样，我们从一开始就了解到，尽管追求知识对乌兹别克来说很重要，但这是他后来获得的情趣。这一点对我们所有人可能都是真的。乌兹别克根据他的全部经验得出的最深刻的思想是，我们应该把自己看成是感性的存在，而不是看成理性的存在（《波斯人信札》，xxxiii）。

乌兹别克并不是只身到巴黎观光。他有个名叫里卡的朋友作伴。与比他年长的朋友不同，里卡在家乡没有后宫，这可能是他快活喜乐的原因。他是个无忧无虑、随遇而安、脾气和善的年轻人，喜欢任何新鲜事。他的信上全是闲聊、趣闻和聪明的性格速写，因为他看到到处都有虚荣，发现很容易揭穿无数个自我。但是，他从来不讨论严肃的道德问题，只关心世人表面的弱点。里卡的行动恰好与乌兹别克的阴郁性格和深刻的哲学观察形成对比。这使小说变得生动，但同时又提出了一个问题：考虑到压迫和暴力造成的痛苦，世人应该对他人的小缺点予以多少批判？

乌兹别克整天愁眉不展并不奇怪，因为他有许多需要操心的事。他在波斯有个很大的后宫，在他外出期间，后宫由一群太监管理。乌兹别克像其他暴君和孟德斯鸠的上帝一样，总是远离自己的领地。无论他是宽恕还是恐吓领地的居民，他都从来不在领地之内。他与上帝的不同之处在于他是个暴君，他不受任何法律约束，但他又不是全能的。后宫是个由太监掌管的系统，他们的管理可好可坏。它的全部成员，甚至包括它的主人，都不过是一台永恒的社会机器的零件。每个人都发挥一种功能，但任何个人都可能被取而代之。这仅仅会加深乌兹别克的忧虑，特别是他要求妻子和太监绝对服从，这使他思想严谨同时也使他变得疯狂地苛求别人。他无法使自己的生存具有连贯性，这也进一步加深了他的烦恼。他的信念与他的作为从来没有一致过。因此，他可以怀着绝对的虔信说宗教只要求一个人作个好儿子和好父亲、遵守自己社会的法律并善待每个人，但是他从来没有注意到他自己一点也没做到（《波斯人信札》，xlvi）。他的全部生活生动地揭示了理论知识与个人行为之间的距离。他不仅能批评外国人，也能批评自己的国家，而且他确实对别人了解甚多，但他丝毫也不了解他自己。确实，他从来没有怀疑过他的妻子们敬爱他并且心甘情愿地住在他的后宫里，尽管他不断收到关于她们之间发生纠纷和冲突的报告。作者每隔一段时间就提醒我们，乌兹别克不仅是个有思想的聪明人，还是个自我迷恋的残忍暴君，因为作者每到关键时刻都提醒我们乌兹别克还有个不那么理智的自我。乌兹别克刚刚就公民乌托邦的兴衰写完一封高度道德主义的信，就收到一个太监的来信，上面描述了后宫制度，这个人类的奴性与权力的工具（《波斯人信札》，xv）。乌兹别克写了一系列讨论宗教荒谬之处的理性主义信件，随后就收到他一位妻子的来信，告诉他太监们如何为阻止两个男人看到主人的妻子从而损害主人的名誉而杀死了他们（《波斯人信札》，xlvii）。乌兹别克论述宗教宽容的精彩信件突然结束，紧接着就是他另一个妻子的来信，信中宣布她要把她七岁的女儿放在后宫里，以便培养她适应她的“自然”生活位置（《波斯人信札》，lxii）。在后面的一封信中，乌兹别克说他因为想到自己将是女儿被送到丈夫的后宫之前见过的唯一一位完整的男性而快乐，这是他唯一一次作为父亲说话（《波斯人信札》，lxxi）。刚刚解释完为什么严刑酷罚事实上不能产生服从，乌兹别克马上用死和比死更坏的事威胁他的太监们，并指示他们用最粗暴的方式对待他的妻子们（《波斯人信札》，lxxx，cxlviii，cliii）。不时介入的后宫来信使人不至于因为连续阅读严肃信件而厌烦，但这些信也有破坏性，它们反映了乌兹别克被扭曲的个性的不连贯性（《波斯人信札》，lxxi）。它们还暗示出，由于人类的非理性和自我欺骗富有力量，当没有事物能约束它们时力量尤其强大，哲学的作用是很有限的。

所有这些证据都表明非理性无所不在，孟德斯鸠的后半生一直在潜心思索它们提出的问题。为什么为数众多的人服从一个人？为什么大多数政府如此富有压迫性？为什么我们相互之间给我们自己造成这么多恐惧？为什么信念与现实之间的对比如此强烈？如果有什么事物对人类来说是自然的，那么它是什么？最重要的是，什么是幸福，为什么它这么稀少？我们不能说《波斯人信札》为回答这些问题付出了丝毫努力，但它确实向读者提出了这些问题。因为它所讲述的是两个人的故事，这两个人突然发现，在他们身处的世界中，他们笃信不疑的和习惯的反应不被周围的人接受，甚至无法得到世人的理解，这使他们对自己产生了疑问。令他们感到奇怪的是，法国人的幸福感似乎不亚于波斯人，那么使人幸福或不幸的究竟是什么？孟德斯鸠所说的幸福不是指亚里士多德所说的至善或美德生活的荣誉。他认为幸福是由关于普遍不幸的充分证据创造的心理问题。事实上，整个后宫故事讲的都是可以避免的不幸。乌兹别克刚离开家，他的两个妻子就写信给他说她们感到不快活，因为他不能在身边与她们做爱（《波斯人信札》，iii 和 vii）。她们的不幸原因很简单：性压抑，而后宫的规矩又禁止任何补救方法。这些妇女的宗教和社会注定她们要过肉体受折磨的生活。不仅如此，正像他的妻子们注意到的，乌兹别克本人甚至比她们更不快活。他根本不知道怎样才能快乐，而她们至少知道什么可以使她们快活。尽管她们只不过是乌兹别克的工具，她们却能可怜这个嫉妒寡欢的男人（《波斯人信札》，lxii）。那些受压迫程度不亚于这些妇女的太监们却认为他们的主人一定很快乐，因为他拥有他们永远不可能拥有的一切。对他们来说，折磨妇女的权力成了幸福的替代品，因此，在他们的想象中，他们为其幸福而辛苦劳动的那个人一定很快乐，因为他是权力的化身。这些被阉割的奴隶痛恨主人的性能力和社会权力，但是他们在他身上只看到了他们被剥夺的事物的正面（《波斯人信札》，ix）。妇女们看得比较清楚，但是只有乌兹别克才全面地描绘了他的痛苦：他嫉妒、冷酷、听天由命，并有一种无用感。显而易见，既感到无用又感到全能是不会使人幸福的。他在一封很早的信中写道，他对妻子们的绝对权力使他丧失了性欲和爱情，他无法对她们发生兴趣，她们只不过是他累赘的财产而已。尽管如此，他还是十分嫉妒（《波斯人信札》，vi）。他作为主人的名誉和社会地位完全取决于属于他的女人。因此，他对太监们是否能尽守职责怀有无限的担心和忧虑。自由可能使我们幸福，也可能使我们不幸，但是，如果没有自由，我们肯定是不幸的，这是显而易见的事。

在《波斯人信札》中，我们只能看到两个幸福的人，他们是一对在乱伦的婚姻中结合的兄妹。只有他们是完全自然地按照他们最早最深刻的倾向行事的。社会只给他们的生活增添了悲哀和困难，但是他们克服了这些悲哀和困难，保持了相互的忠诚，从而成功地度过了他们面临的危险。是他们的美德使他们幸福吗？作者告诉我们，经商的哥哥心里的勇气比大多数国王还多，但这并不是他幸福的原因。他幸福，完全是因为他做了从小就想做的事，即和妹妹一起生活（《波斯人信札》，第 lxvii 页）。在孟德斯鸠讲的故事中，这一个最富有煽动性。乱伦是禁忌中的禁忌。只有柏拉图在《理想国》中暗示过可以乱伦，但那仅仅是为了使精英人物十全十美。使乱伦成为幸福的条件无异于说社会规矩绝不能使我们善良或幸福。

个人的道德心理与社会习俗的最低要求是脱节的；它们互相妨碍。

这是说幸福是我们的“自然的”前社会的状态吗？《波斯人信札》中的第二个寓言故事没有暗示这样简单的答案（xi－xiv）。乌兹别克告诉一个朋友说，从前穴居人过着完全自私自利的生活，他们拒绝为任何目的合作，因而他们很快就被消灭了。孟德斯鸠认为，根本不存在摆脱霍布斯之自然状态的合理出路，霍布斯所说的自然状态是个无用的虚构，丝毫无助于我们理解必然社会性的状态（《波斯人信札》，xciv）。所有穴居人都灭亡了，只剩下一个有德的家庭。他们快乐顺利地合作，每个人都愿意为别人尽最大的努力。无论是男人还是女人都仅仅把自己看成是一个不断扩大的家庭的成员。他们自然而然地富足起来，并以无私的勇气抵抗邻居的侵犯。但是，自然的政治美德不是他们能维持的，他们选了个国王来统治他们。这个德行高尚的长者警告他们不要这样做，他预言众人很快就会变得对社会漠不关心，君主专制会随之产生。这个故事似乎有这样的寓意：政治美德会使我们幸福，但它不能以我们能长期容忍的方式使我们幸福。这里也暗示了一个悖论。使一个民族富裕而幸福的那些性质无法在一个富足的社会中生存下来。似乎没有像共和主义的胜利那样令人失望的东西。因此，对政治社会和大多数私人家庭来说，最好的状态也许是不太苛刻的自由状态。严格的共和与严格的专制事实上都是人不能容忍的。对人类来说，前者好得过分，后者坏得出格。乌兹别克和里卡惊奇地注意到，尽管法国有许多不幸的婚姻，但是法国的家庭远远不像波斯人家庭那样不幸，法国人是自由的，波斯人则生活在后宫中（《波斯人信札》，xxxiv）。

公共约束绝对不是使我们不幸的唯一方式：我们自己的行为也会给我们造成同样严重的伤害。嫉妒尤其会造成种种不幸。它是一种无法治愈的无能病，并会自然而然地愈来愈严重。乌兹别克和他的太监们不仅是嫉妒的牺牲品，也是嫉妒的实施者，因为正是他们把仇恨的力量施加在后宫的妇女身上。里卡很快就注意到，法国人的处境要好得多。丈夫们很少是嫉妒的。他们拿自己的妻子有什么办法？许多丈夫有充分的理由相信妻子，如果不相信妻子的人公开表示出嫉妒，他们甚至会被讥笑为独占者和破坏“公众快乐”的人（《波斯人信札》，lv）。孟德斯鸠曾打算写一部嫉妒的历史。后来他发现嫉妒的表达方式在相当大程度上依赖社会习俗，就放弃了这个计划，但他在放弃这项计划之前已经确定甚至嫉妒也不是自然的行为，而是一种习惯的行为（《沉思录》，第483－499页）。最能解释嫉妒的是政治，不是性。征服者的习惯很容易在这些上占上风，妇女的自由与整个社会的自由是相称的。因此，把嫉妒当作一种严重的心理疾病分析，一定是研究压迫性政府的组成部分。

乌兹别克的嫉妒具有特殊的危害性，因为这是个暴君的激情。除了他自己，他的后宫中不能有其他男人。这是个无法实现的野心，但这一点并不能阻止他努力实现它，并从而让他的妻子们付出可怕的代价。小说是以妇女们造反结尾的。乌兹别克的幻想也随之完全破灭。他发现表面上最守妇道的妻子罗克欣并不敬爱他，事实上是憎恨他，甚至设法把一个情人暗中弄进了后宫（《波斯人信札》，cxlvii－clxi）。罗克欣没有任何理由去爱乌兹别克。他强暴过她。而暴君特有的盲目性却使他相信她自招并喜欢他的攻击（《波斯人信札》，xxvi）。直到这时，乌兹别克才终于明白他是什么样的人以及他做了什么事。这种认识没有使他变好；相反，突然认识到自己无能的唯一结果是使他变得疯狂。他写道，只是当“一种恶毒的嫉妒在我的灵魂中产生出恐惧、怀疑、憎恨和懊悔时”，他才意识到他自己的品格。他没有向他的后宫告别，他回到了波斯，并把自己与他的妻子和太监们一起锁闭在后宫中。专制的嫉妒战胜了启蒙思想。

乌兹别克的信念是，我们永远也不知道什么时候享乐，什么时候受苦，因为我们不能恰当地看待现实（《波斯人信札》，xl）。当然，按照他的想法，我们在道德上不可避免地是愚钝的，但他也发现很难让自己服从这些局限性。他说，假如他不是穆斯林，他会贪杯好饮，因为酒精可以减轻肉体对心灵的痛苦压迫。斯多亚式的顺服不是疗治的办法，它对我们来说太理性了（《波斯人信札》，xxxiii）。这种顺服在任何情况下都不能给我们带来好处，因为我们不需要更信宿命，宗教已经使我们够听天由命了。穆斯林和基督徒共有的一种倾向是，放弃努力，一切听从天命，这种宿命主义不仅使他们觉得自己无用，还使他们变得迟钝消极（《波斯人信札》，cxix）。这种倾向对乌兹别克也产生了不可忽视的影响，因为感到自身无足轻重，他想到过自杀，至少是向他证明了自杀的合理性。他为自杀作的论证是完全理性的。《波斯人信札》发表后，发生了一场延续数十年的关于自杀的激烈论战，它并未超出乌兹别克的论证。在自杀这个问题上，关键在于把人对上帝的义务转移到人类身上。当世上再也没有什么东西能给我们快乐时，我们是否对别人负有继续活下去的义务？一个人为什么不应该离开一个对他的幸福毫无贡献的社会呢？除了服从法律，人并不欠国王什么，一旦人死了，这一点也不再值得考虑。早死对自然界肯定没有什么影响。一句话，一旦一个人不再认为自己的生命属于上帝，选择死亡时间的权利就没有理性的障碍了（《波斯人信札》，lxxvi）。十分重要的是，乌兹别克没有自杀。他的抑郁仅仅是个暴君对人类共有的无用性的愤怒。在绝望中结束自己生命，以自杀为争取自由之最后努力的是罗克欣。在她这里，自杀像在古罗马一样是确认自己社会尊严的政治姿态。乌兹别克只要求有独处的权利。孟德斯鸠在后来的一部著作中曾以真正赞赏的语气谈论过罗马人的自杀。他讽刺地写道，假如斯图亚特王朝不信基督教，查理一世不会那样死去，他的弟弟詹姆士二世也不会那样活着（《关于罗马人兴衰之原因的思考》，第450－451页）。他的最后结论是认为有些自杀事件是北欧的气候诱发的精神疾病。这种观点突出了他实际关心的问题，他更关心的不是自杀的权利，而是对自杀者及其家属进行惩罚的野蛮性。乌兹别克的呐喊也是孟德斯鸠的呐喊，“欧洲的法律对结束自己生命的人是冷酷无情的。可以说这些人被迫死第二次。他们被名誉扫地地拖过大街，蒙受耻辱，财产也被没收”。在恐惧之上堆积这样的恐惧是宗教的一项最有惩罚性也最残忍的政策。

乌兹别克可能是个神经质的唯我主义者，但是，世人对导致自杀的疾病和绝望的反应太令人反感了，以至于孟德斯鸠从来没停止过对这种反应的抗议。此外，孟德斯鸠也认识到自杀行为本身是十分复杂的。《波斯人信札》写到了两次自杀，一次只是被考虑过，另一次则得到了实行，但它们是迥然不同的行为。乌兹别克对自杀的辩护可能只是表达了宿命主义的影响，或者说是表达了这样一个观念，即我们对社会的契约是个可以终止的合同。当罗克欣在极度痛苦中自杀并确认自己的自由时，她显然是在从事一项完全不同的活动。孟德斯鸠没有告诉读者应当怎样看待这两种自杀，从而迫使读者进行更深的反思，这表现了孟德斯鸠那种保留自己的判断并避免强烈肯定道德规范的能力。不过，关于他如何看待长期、巨大而全面的恐惧导致的后果，如何看待散布这种恐惧的那些人，我们不会产生疑问。

恐惧在本质上不能令人满意的男女关系中也发挥着作用。这些关系不能完全归咎于宗教的疾病。孟德斯鸠曾设想写一本关于宗教病理学的书，假如他真写了，那么产生恐惧、不信任和性痛苦的倾向一定会在其中扮演重要角色。但是，并不是一切都可以归咎于宗教的偏见。孟德斯鸠认为，尽管约束两性关系的社会规范千差万别，它们在任何时间任何地点都从来不曾是恰当的。他虚构了穴居人的乌托邦，在那里，男人和女人都全身心投入自己的家庭。有时他怀念“过去的好时光”，那时，专注家务的妇女们过着田园式的质朴生活。有时他又赞扬罗马男性家长的无限权力，但这只是因为它分散了政治权力。他对古典时期的妇女不抱幻想。从小说中某些极为轻浮滑稽的篇章可以看出，摄政时期的性生活方式既使孟德斯鸠感到有趣，也令他十分震惊。令人惊奇的是，他的怀疑主义甚至彻底到使他对男人统治女人是否合理提出了疑问。男人的权力窒息了女人的才能，正如专制主义抑制了它的全部臣民一样，禀赋最优异的人受害尤其严重。对男人的依赖败坏了女人的道德，使她们无休无止地打扮自己。里卡注意到，后宫里的所有妇女都被强行套在一个模子里，被迫假装彼此相似（《波斯人信札》，lxiii）。他和乌兹别克都喜欢由巴黎的自由女性陪伴。实际上，这也是他们第一次有机会真正认识女性，因为只有当人享有自由、没有恐惧时，他们才能互相认识。里卡问道，如果男人仅仅因为自己更强壮而统治女人，那么他们的统治是正义的和自然的吗？最后，孟德斯鸠没能回答这个问题，他陷入了怀疑。男人要么统治女人，要么被女人统治。孟德斯鸠没有确实的信念，但他似乎想起自己是个男人并选择了男人的立场（《沉思录》，第276、784、596页）。

让里卡质问女人与男人之间的现实关系是否自然，实际上就等于问有没有自然的。这是一种彻底的怀疑。孟德斯鸠经常用“自然的”这个词表示赞同，但这并不妨碍他对自然与习俗之间的约定界限提出疑问。更重要的是，他想证明通常被视为自然性之证据的东西并不能明白地证明自然性。绝大多数男人认为女人的童贞是绝对的、自然的、必要的，它是男人绝对确实地占有女性的标志。童贞是个强大的认知信号，如果它不能得到证明，那么还有什么完整无缺的确定性呢？乌兹别克并不因这种不确定性而感到特别不安，所以当他听说一个波斯新郎因为自己的新婚妻子不是处女而把她送回母家时，他的反应时，这个男人在法律上完全有权这样做，但世人不可能从身体方面证明童贞。童贞实际上是个法律虚构。如果女性的童贞也只是“如此而已”的故事，那么还有什么事物不是如此？乌兹别克完全理解这个问题的意义，但这并未妨碍他把女儿和妻子们锁闭起来。

那么，什么是自然的呢？有个法国人问里卡：“一个人怎么可能是个波斯人呢？”这个法国人显然是认为不当欧洲人是有点不自然的（《波斯人信札》，xxx）。在这个法国人看来，一个人与自己如此不同，以至于他不得不把这个人看成是个不可能的存在，这是件很不寻常的事。习俗构成我们的世界，我们所谓的“自然”就是一大堆因袭的信念，它使我们看不到陌生的事物。因此，不可测度性不仅在男女接触方面作祟，也纠缠着所有陌生人之间面对面的交往。里卡发现的这个极为可笑的新世界向他证明，我们每个人都生活在遗忘了他人的自己的世界中。他写道，假如三角形也造神，那么它们就会给神三条边（《波斯人信札》，lix）。他认为，面对这些现实，谦虚看来是唯一合理的反应。像许多怀疑论者一样，乌兹别克的结论是，怀疑不应当影响一个人对自己社会中得到公认的习俗的忠诚，因为这是最容易攻破的防线。乌兹别克的困境在于，这种似是而非的生活策略使他变得暴虐而痛苦，并给他的妻子们造成了可怕的灾难。事实上，这可能是对怀疑作出的错误反应。

对严肃的乌兹别克来说，宽容的智慧是不容易获得的，但他最后也对他关于洁净与不洁净的观念来自何处发生了疑问。猪肉哪一点亵渎了神呢？关于猪肉的问题一提出，全部宗教仪式就都受到了怀疑。他觉得一位神父给他讲的圣经故事十分可笑（《波斯人信札》，xvi－xviii）。他发现，一个人的信仰，是另一个人的迷信，并开始更独立地判断他的世界。这时，他觉得穆斯林和基督徒对皈依的热情是荒唐的、无益的、甚至是邪恶的（《波斯人信札》，xxxv，xxxiv，lx）。宗教的争论都是相似的，它们是气量狭小的表现（《波斯人信札》，xxiv，xxvi）。迫使宗教异议者流亡是一项自取灭亡的政策。由于法国的新教徒被拒于政府部门之外，他们便把全部精力投入了生产和经营。当他们不得不逃亡后，法国便失去了它最富裕的公民（《波斯人信札》，lxxxv）。孟德斯鸠认为，使法国新教徒如此勤劳的是他们的社会地位，而不是他们的宗教教义，这种观点比马克斯·韦伯的看法更可信，韦伯认为，新教徒勤劳，是由于他们“内心世界”信奉禁欲主义而获得的结果。可以肯定，孟德斯鸠不愿意把任何一种社会美德归因于某种形式的基督教。基督教偶尔能使一个人变好，但它从来不曾使整个社会变好。假如是基督教劝说国王们在欧洲废除了奴隶制，那么也是基督教鼓励他们把殖民地的大量土著人变成了奴隶，这绝不是什么改良（《波斯人信札》，lxxv）。里卡对宗教徒的极端自负予以了无情的嘲笑。他讲到有些神父使女演员们怀孕，然后又抛弃她们，并说有些决疑判官颠倒黑白。这些人都是“恶魔”，这是他对僧侣和耶稣会员的称呼。不过，并不是一切都是有趣的。后宫正是女修道院的写照，只是略加掩饰而已，二者都压抑人的性欲，并制订了不合理的规矩。太监像教士一样是独身者，妇女们则嫁给一个全能但从不现身的存在，盲目信仰与恐惧结合在一起使她们一直服从。后宫的居民没有一个是诚实的。妇女们一旦有可能便造反，太监们憎恨阉割他们的主人。这绝不是一幅令人愉快的画面。笛卡尔在《第二沉思》中做过一个噩梦，他梦见世界被一个恶魔统治着。乌兹别克担心这个噩梦可能是真的，这完全符合他的处境。他不肯接受这种观点，因为它会破坏我们相互之间已经很脆弱的道义关系。无论神是否会予以制裁，世人都应该遵守公平原则，但乌兹别克显然认为信仰一个仁慈的神对道德是有帮助的（《波斯人信札》，lxxxiii）。

孟德斯鸠不信奉无政府主义，但他不能不思考为什么被变得合群的人表现出如此少的合作倾向。此外，政府凭什么要求我们服从呢？感恩自然使我们负有义务，但是只有很少的臣民才有理由对统治他们的国王感恩戴德。因此，看起来还是罗马式的父权统治更值得维护（《波斯人信札》，xvii，cxxix）。最好的政府是按人民意愿办事的政府。《波斯人信札》没有解决是否某些民族只适合专制统治这个棘手问题。乌兹别克认为，推翻专制君主并不难，但是制度永远不会真正改变。他认为自由的荷兰和瑞士是真正稳定的国家，欧洲的君主专制国家则不是，因为他认为这些国家是无法改革的（《波斯人信札》，lxxx，cii，ciii）。

与许多社会批判家不同，乌兹别克没有强烈的怀旧情绪。当一个波斯朋友认为现代化武器证明物质的变化不是一种进步时，他回答说，现代的发展软化了我们的行为方式，使战争变得不那么残酷了。财富不仅使国家更加强大，也减少了它们的野蛮性。孟德斯鸠对罗马人那种严格的军事制度的欣赏显然是有限度的，但是，他只是相信技术和奢华的人道化作用，这信心并不等于一种关于进步的理论。他相信，世界在一个方面比古代退步了：世界的人口减少了。对殖民地人民的屠杀和帝国主义战争带回来的性病泛滥给这两个世界都造成了严重的破坏。由于没有获得解放的希望，美洲的奴隶不繁殖后代，这与罗马的奴隶不同。主张教士独身并禁止离婚的天主教也促成了欧洲人口出生率的下降。在这个方面，天主教与其他专制制度完全一样。绝望使人民不愿生育后代（《波斯人信札》，cxiii－cxxiii）。关于人口的通信很受孟德斯鸠同时代人的赞赏。只有休谟不同意关于欧洲在很久以前人口较多的主张。我们并不完全清楚孟德斯鸠是不是真的在讨论人口学。他的真正课题是不自由，大瘟疫是政治和宗教的压迫及其造成的抑郁寡欢的宿命主义（《波斯人信札》，lxxviii）。

从伏尔泰开始，许多读者注意到孟德斯鸠对亚洲社会的描述有许多事实方面的错误。他在写《波斯人信札》时也许并未尽力与已知的事实保持一致。尽管他费了许多气力尽量了解东方，但在他的小说中，东方不是一个地区，而是心灵的一片噩梦地带，掌管这一地带的是人类最恶劣的种种冲动。由于被封闭在严格的道德主义的宗教和社会秩序中，太监和妇女们只能在彼此蔑视和怨恨中找到安慰。盛行在这两群人之间的是侮辱的“盛衰消长”（《波斯人信札》，ix）。如果没有一个发号施令的智者或积极的精英，整个系统便会完全瘫痪。维系这个体系的只有一个事物，即普遍的恐惧。一个太监写道，在管理良好的后宫中，处处都是绝对的沉默，每个人都在她的单人小房间里，同时起床，同时入寝。密探和阴谋使妇女们无法密谋，事实上使她们无法沟通。这样，主人就能“抓住”她们的心，因为他的仆人已经“征服了她们的灵魂”（《波斯人信札》，lxiv）。这些妇女爱她们的主人吗？有些人在一种甘当牺牲的自轻自贱精神支配下的确敬爱他，但其他人却憎恨他。他永远也不可能知道这些，因为只有当我们自由时我们才能彼此认识（《波斯人信札》，lxiii)。太监们以残忍为乐，尽管他们必须假装是为了主人而残忍。乌兹别克在最后的狂怒中命令太监们“洁净”后宫，我们知道他是恐怖的根源，但不是直接实行恐怖的人。这一切所具有的政治意义和宗教意义，都得到了孟德斯鸠第一批读者的理解。

《波斯人信札》并不仅仅是冷峻的讽刺，它里面也有许多有趣的背景和场面的精彩描写。在里卡的信中，有自负的三个等级、苦行僧、鬼迷心窍的炼金术士、假装与自己女儿同龄的妇女、一队永远不死的老战士、游手好闲而又自命不凡的法官、自作聪明的花花公子、狂妄自大的科学院士、使家谱学者应接不暇的新近发迹的布尔乔亚绅士、社会地位完全取决于其厨师之手艺的包税商，还有志大才疏迂腐不堪的学者。在一个远方来客看来，教皇和国王显然都是魔术师，因为他们能让那么多人服从他们。书中还有个迷惑人的故事，讲的是一个盲人，他能玩纸牌，还领着里卡走遍了巴黎最偏僻的角落。我们知道孟德斯鸠是在一本杂志上看到过这个趣闻，可它在这本书里起什么作用？那个人究竟仅仅是个聪明的骗子呢？还是证明一个人不用看到事物真相也能生活得很好呢？里卡当然是相信后者。但是，孟德斯鸠始终没有忘记提醒我们注意这样一个事实：轻浮愚蠢的摄政时期的巴黎不是专制的波斯，巴黎迷住了里卡，使他决定住在那里。只有乌兹别克一人在发现自己的后宫不像自己相信的那样之后返回了波斯。他回去的目的是强迫那些妇女们服从他关于完善秩序的观念。

《波斯人信札》是孟德斯鸠唯一的虚构作品。他后来写的《耐德城之庙》是为一位公主撰写的平淡无味的爱情故事。另一部关于东方的小说《真实的故事》没有完成。它讲的是个被恶鬼注定将记住自己全部化身的灵魂多次转世的恐怖故事。与《波斯人信札》一样，这部小说也采取了多重视角，甚至包括动物的观点，它围绕人格的复杂性展开，虽然适合怀疑主义的想象，但写得很乏味。另一篇同样充满暴力事件的小说试图揭示有信任的爱情的欢乐和嫉妒的痛苦。出于各种的原因，它也一直未得到发表。孟德斯鸠未能在他的其他小说中再现他第一部著作中的讽刺或幽默，但它的精神在他的政治著作中得到了体现。里卡仍然是他的模特。像里卡一样，我们可能永远不知道我们对现实认识了多少，可能没有一条直路从我们的主观信念通向他人的世界。我们甚至可能不理解我们自己。无论如何，我们的幸福并不取决于我们是否有这样的确定信念，而是取决于我们是否主动、好奇、忘我地追求一个目标。孟德斯鸠在笔记中写道，直接追求幸福是没有用的。幸福完全取决于我们的“机器”，但要获得满足，最可能成功的途径是掌握现象世界并获得丰富的经验（《沉思录》，30、1675）。由于这个原因，孟德斯鸠决心到国外寻找启蒙，与他那缺乏英雄气概的主角不同的是，他找到了。

第三章

哲理历史：罗马人的兴衰

孟德斯鸠结束旅行回到法国后，立即怀着极为急切的心情着手整理他的政治思想。这项工作的最后结果就是他的杰作《论法的精神》。不过，在进行这项工作的同时，他还写了《关于罗马人之兴衰的思考》，这是一部篇幅较小，并且具有强烈试验性的著作。它于1734年在荷兰匿名发表，但在法国可以自由流通。与孟德斯鸠的其他著作不同，这部书并不特别流行，尽管也有欣赏者，其中最重要的人物无疑是吉朋。伏尔泰认为它只是一系列意见，不能算一部书，持这种轻视态度的并不是只有伏尔泰一人。这种看法并不是完全不公平的，因为它的笔调和内容都是实验性的，缺乏批判的严格性，而在伏尔泰看来，为了减少历史著作固有的不可靠性，这种严格性必不可少。孟德斯鸠并不特别在意这些怀疑，再说他也没打算让《关于罗马人之兴衰的思考》成为一本纯粹的学术著作。它的思想力量来自它巨大的意识形态和政治力量。正像达兰贝在赞颂这本书时说的那样，这是哲学家和政治家的罗马。

虽然此书的许多章节最后都融汇到了《论法的精神》中，但它们是截然不同的两本书。《关于罗马人之兴衰的思考》是一部哲理历史，《论法的精神》则是关于社会规范之结构的分析。不过，它们拥有一些共同的目的，其中比较重要的目的就是揭示古代政治与现代政治的区别。正像一个外国游客或一次出国远游一样，一种奇怪的文化也可以被用来说明一个熟悉的世界。因此，比较历史学可能是理解自身的一条途径，但是，正因为它揭示了各个时代与各个民族之间的差别，所以它不鼓励人模仿。孟德斯鸠在此书第一章开篇就说，罗马并不是个现代意义上的城市，它只是个公共聚会场所。在书中每个合适的地方，他都提醒读者现代的欧洲在国际和国内两方面已经发生了多大的变化。孟德斯鸠的罗马不是个值得效法的榜样，而是有助于他认识某些关于政治的普遍真理的个案。由于人类在心理上是统一的，这种研究可以进行，尽管巨大的文化差异使人无法复兴一种死亡的政体，即便是世人深为赞叹的古代罗马也不例外。

作为一部历史，《关于罗马人之兴衰的思考》按照年代的顺序叙述了一个民族在许多个世纪中取得的成就和遭遇的失败，从罗马人的部落起源一直讲到君士坦丁堡的陷落。但是它的叙述不是连续的，有高度的阶段性和选择性。线性的历史与孟德斯鸠是格格不入的。他不相信渐进的进步，在他的感觉中，刚刚过去的历史也彻底不连贯，他不认为那是一种连续的发展。在他看来，欧洲在发现美洲之后发生的扩张使它变得如此富有和强大，它与过去存在过的一切都有了完全彻底的差别。此外，虽然他对中世纪的法律感兴趣，但他认为中世纪是个野蛮的黑洞，正在克服其迷信的欧洲已经十分幸运地把它甩在了身后。罗马历史比起较近的历史重要得多，这既因为共和国是自由国家的样板，也因为现代欧洲的每个大国都把建立帝国排上了日程。哲理的历史其实也没有必要进行不间断的叙述。它应当是准确的，但它不必讲述完整的故事，它只需要讲述对它的普遍命题有意义的事件。孟德斯鸠对历史事件的叙述经常被关于这些事件之心理意义与历史意义的思考打断。他写这本书的全部目的是为了证明这样一个观点：为了理解历史，必须找出政治变化的深刻潜在的“一般”原因，仅靠记载症候性的事件是不行的，这些事件仅仅是“偶然的”或“特殊的”原因。这种历史学风格的第一个也是最长久的样板是修昔底德的《波罗奔尼撒战争》，在这部书中，性格与环境的相互影响、长期战争的重担和帝国主义的动力交织在一幕惊心动魄的悲剧中。修昔底德的主要继承人波利比阿（Polybius）成了孟德斯鸠的向导，他带领孟德斯鸠考察了罗马共和国的大部分历史，并提出了关于政治制度的循环理论。波利比阿认为，罗马共和国是一种混合政体，它可以避免纯粹的君主政制、贵族统治和民主必须经历的衰败过程，这是他有关政治变更的一个很有影响的观点。马基雅维利和孟德斯鸠都在波利比阿的历史中找到了有价值的东西，虽然他们知道罗马也成了腐败的牺牲品。原因在于，与他们的古代先驱不同，马基雅维利和孟德斯鸠写的不是当代历史，而是回顾性的阐述。因此，他们的任务完全不同于前人。他们的任务是让遥远的过去直接向现代说话，并让它揭示关于各种历史环境中的政治的永恒真理。

孟德斯鸠从马基雅维利的《论李维》获益甚多。他像这位意大利先驱一样集中精力研究罗马人的统治艺术和战争艺术，尤其注重元老院在宗教事务和外交政策方面表现出来的机智灵活的手腕。孟德斯鸠与马基雅维利都赞赏共和国初期的精神状态和公众自由，但他们之间也有十分明显的区别。马基雅维利信靠伟人，认为伟人能在追求个人荣耀的过程中改变周围的世界，他们只能被厄运击败。孟德斯鸠的思想则远不像马基雅维利那样重视个人。在共和国中，领袖仅仅在社会建立的初期创造制度。此后就是制度造就领袖（《关于罗马人之兴衰的思考》，第353页）（本章关于此书的引用，后面只保留页码，省略书名——编者注）。孟德斯鸠对古代传奇英雄的名声一贯采取揭短或置之不理的态度。他的历史观不是英雄史观。孟德斯鸠偶尔也表示钦佩恺撒这样的政治家或将军的品格或才能，但是，在他看来，这些人物并不能改变历史的进程。杰出的个人至多可以启动内在于他们社会中的某种深刻的倾向。不管苏拉（Sulla）的设想是什么，他都不过是恺撒崛起路上的一块踏脚石，假如恺撒没有废除共和，另外某个与他相似的将军也会这样做（第420－421页）。孟德斯鸠对英雄业绩不感兴趣，既然没有超人，也不必责备命运加速了英雄们那些看来无法解释的失败。人并不是受某种命运主宰的。他们创造着自己的历史，尽管他们极少能理解自己行为的理由和后果。当然这决不会减轻领袖人物对他们的行为应负的道德责任。孟德斯鸠对苏拉特别感兴趣，他撰写了苏拉与一个虚构的哲学家尤克拉底（Eucrate）的短篇对话(《全集》,卷Ⅰ，第553－563页)。苏拉认为自己是罗马的解放者和元老院的重建者，并在对话开始就为自己的这个名声辩护。后人甚至可能会指责他没造成足够的流血。尤克拉底在回答时提到了一个凌驾于人类之上的人会让人类付出多大的代价。不仅如此，这样的人的唯一成就就是给更坏的后继者树立榜样。他的意图和他的结果都证明他是个“残酷的人，是个恶劣的公民”。

与马基雅维利不同，孟德斯鸠对古典时代没有丝毫恋旧情绪。对罗马的自由和英国的自由进行的认真比较向他证明，英国的自由不仅更容易达到，而且具有内在的优越性。它有更强大的自我纠错能力(第410页)。因此，他不像马基雅维利那样在帝国建立之前很久就停下来，而是一直讲述到悲惨的结局，讲到帝国东半部的解体。孟德斯鸠除了对马基雅维利有些吹毛求疵的鄙视，也不像后者那样相信军事力量的作用并欣赏帝国的扩张。孟德斯鸠的主要目的就是证明武力扩张的无用性并警告现代人不要仿效罗马人。

孟德斯鸠有许多理由关注帝国，而这些理由对马基雅维利来说不存在。他们同样仇视教会的政治，但孟德斯鸠心中有个特殊的靶子，就是路易十四的宫廷神学家波率特主教（Bishop Bossuet)。波率特不仅是王权至上主义的官方辩护人，他还写了《论通史》来支持绝对王权的政策。他在这本书中提出，一切特殊的原因都依赖天命的秘密命令，天命利用帝国的兴衰传播基督教并实现上帝的目的。法国国王的任务就是承认教会的神奇连续性、保护教会、为教会重新统一而工作，从而保持他的教会“长子”之位。统一的教会只需要一个负责公共事务的人，这是一种古老的学说，法国王朝的宗教义务和帝国义务看起来都是十分明显的，在路易十四看起来尤其明确，因而他接二连三发动灾难性的战争。为了推翻这种神学意识形态，孟德斯鸠采取的策略是用自然主义的意识形态与它对抗。他的罗马帝国史只讨论政治中人的原因。基督教的出现对他来说是一件很平凡的事，它与罗马宗教政治的正常进程是完全一致的（第463页）。他还花了很大的力气证明第一位基督徒皇帝君士坦丁的政策都是愚蠢的并造成了灾难性的政治后果。这部自然的帝国历史与波率特的由神指使的戏剧是对立的。不论罗马多么伟大，它都不是法国国王应该效法的榜样。

孟德斯鸠和他的同时代人有很多理由认为帝国主义政治是个极为重大的课题。去掉基督教之罗马起源的神话色彩并不是唯一的目标。他们周围出现了许多新式的帝国主义。首先是西班牙对南美洲的征服，孟德斯鸠和大多数启蒙主义观察家都认为西班牙对付土著居民的残暴手段令人发指。征服不仅导致了印第安人在肉体上的毁灭，也导致了西班牙经济上的破坏。此外，法国人刚刚经历了一系列不可能取胜的欧洲争霸战。最后，英国人在北美洲建立了唯一获得成功的商业帝国，它给当地的居民及其统治者带来了同样的好处。直到七年战争（The Seven Years' War，1756－1762年英国与普鲁士、葡萄牙等国为一方，法国、奥地利、瑞典等国为另一方的战争——译者注）结束，关于征服性帝国与贸易帝国之间的对比一直是一种可信的国际关系理论。后来，最终导致美国革命的不满情绪才使人对这种理论发生了怀疑。不过，孟德斯鸠仍然相信征服和商贸正如战争和法律一样是两个极端，政治家必须在这两个极端之间驾驭国家的政策。毫无疑问，他认为和平进程是现代欧洲唯一合理的道路。因此，他对罗马之扩张的叙述是个可怕的故事，它的每一点魅力都以流血为代价。

尽管罗马人的残暴是他们的一大缺点，但孟德斯鸠并未丝毫忽视他们的政治成就。事实上，为了使罗马人的历史具有充分的悲剧性，他必须表明当罗马人的小而自由的共和国变成世界帝国的主人时，罗马人遭受了多么巨大的损失。他还使罗马人直接为他们一切遭遇负责。从原则上说，他认为群体以及个人性格的形成总是既有物理的原因，又有道德的原因，但他在《关于罗马人之兴衰的思考》中只考察了道德的原因。在此之前，他曾给波尔多科学院写过一篇文章，讨论了气候与物理环境如何令现代罗马人的祖先狂放不羁，也讨论气候与物理环境的变化如何使现代罗马人冷静自治（《全集》，卷Ⅱ，第1732页）。现在，他却只关心罗马人从一种政府形式走向另一种政府形成时发生的心理变化和政治变化。历史学家的职责就是解释这些形态上的变化。

构成整部罗马史基础的是罗马民族根深蒂固的好战性，孟德斯鸠认为这种好战性一直延续到了现在，并仍然在剧院里的争斗中表现出来。他的结论是："自然永远都在起作用，但它被社会习俗压倒了"（《沉思录》，1296）。这是造成罗马不同凡响的崛起与衰落的主要原因。在道德因果领域里，历史学家必须区分三个不同的亚范畴，一般原因、偶然原因和特殊原因。这些术语取自马勒勃朗士的神学词汇，他用这些术语描述上帝对人类采取的行动，但有讽刺性的是，它们在这里被赋予了自然主义的意义。这三种原因之间的区别是，第一种原因是长远的和根本的，后两种原因则只能加速事情的发生。在这些术语的使用上，孟德斯鸠紧密追随他喜爱的医学著作家，这些人认为自己的任务是找到疾病的终极原因，而不是仅仅描述个别的病例。他的结论是："命运并不主宰世界。”“存在着一般的原因，如果它摧毁了一个国家，那么就有一般的原因，它们或者是道德的或者是物理的，它们在每个王朝中都起作用，或使之崛起，或使之维持，或将其推翻。所有偶然事件都由这些原因决定，一次战役是个特殊的原因，它决定了这个国家应该在一次战役中灭亡。一句话，主流携带着全部特殊的偶然事件”（第482页）。

在《关于罗马人之兴衰的思考》中，我们看到两种一般原因，一是前后相继的政府执行的基本政策，二是民族的精神。罗马早期的国王们决定要求获得绝对的世袭权力并消弱贵族的力量，从而也就毁灭了他们自己。卢克丽霞被强奸仅仅是个诱因，不愿容忍这种君主政治的好战的人趁此机会推翻了最后一个国王。君主政体失败的一般原因是，如果君主与人民之间没有一个贵族阶级，任何君主政制都不可能长期存在。当英国的亨利七世像古罗马的最后两个国王一样推行相同的政策时，结果也是相同的：王权最后被削弱到了无法修补的地步。“由于任何时代的人都有相同的激情，虽然产生重大变化的机缘各异，原因却总是一样”（第353－354页）。因此，弗吉尼亚在罗马共和国被牺牲也只是导致暴虐的十大执政官倒台的诱因。真实的原因是罗马人民生来就不能容忍这种统治(《论法的精神》，Ⅱ，15)。无论是什么政策，如果它触犯了人民的精神或严重改变了政府的基本结构，就会作为一种一般原因起作用并造成长久的后果。因此，当君士坦丁分裂罗马帝国并在东方建立新的基督教首都时，他便宣告了帝国西部的灭亡。拙劣的军事部署只是为某一个外来民族入侵并征服它确定了时间。假如奥多亚瑟（Odoacer）的哥特人（Goths）不来，其他野蛮人也会给它最后一击(第474－476，493－494页)。一般原因像自然力量一样起作用，但是如果我们科学地理解了它们，也可以加以控制。每个君主都可以从罗马国王与亨利七世的自我扩张政策导致的后果中学到清楚明白的教训。君主政制没有贵族便无法生存，乃是一条社会规律。不过，孟德斯鸠并不相信政治必然性。一个十分明显的证据是，他经常使用反事实的假设解释政治决定的后果。永远有一条未被选择的道路，人可以走这条路，但是没走。为了充分理解政治选择的意义，必须想象各种可能的方案，这意味着它们至少在某一时刻是可能的。对孟德斯鸠极为推崇的背教者朱利安（Julian the Apostate）而言，恢复异教崇拜是不可行的，因为它已经灭亡了。但是，假如他活得再长一点，他很可能成功地创立一种新宗教代替异教崇拜并阻止基督教的传播(第473页)。统治者在关键时刻会作出不可逆转的政治决定，因为它们的效果是引起根本的转变。这一点使得谈论历史必然性没有意义，我们应当相信，从政治角度看，任何事情在任何时候都是可能的。正确诊断的主要目的是预测疾病可能的发展过程。在某些情况下，知道原因或许使防止疾病成为可能，但在18世纪时，医学没有可靠的治疗手段，因而孟德斯鸠写作历史的目的也是在于警告，而不是开疗救的药方。

按照孟德斯鸠对罗马人的分析，甚至民族精神也是由道德原因创造的。早期的国王们从一开始就不断发动战争，这在很大程度上促使罗马民族形成了长久的好战性格。它使他们踏上了自己永恒的道路（第355－357页）。罗马人从一开始就不断地为了战利品、妇女和土地与邻邦作战。这种早期经验对他们的精神产生了不可磨灭的效果，影响了他们未来的政治行为和政治制度。不仅一场战争引向另一场战争，而且军事上的胜利激发新的冒险，罗马人总是获胜。罗马的全部历史就是这些决定性的经验的发展史。无论采取什么样的形式，罗马政府的唯一目标就是领土扩张。无论罗马是个拥有民兵的共和国，还是有外国雇佣军的帝国，支配罗马政治的始终是迫切要求军事扩张和鼓励好战精神。它的国内政治也成了军事计划的人质。

罗马的统治者都利用罗马民族对战争的愿望乃至热情来控制罗马的公民。尽管好战的民族必然是狂暴的，但对外战争的前景总能把他们团结在一起。这一点对国王垮台之后的执政官们尤其重要，因为平民有足够的力量坚持自己的权利，元老院为了驾驭他们使出了浑身解数。因此，元老们从来没有中断战争计划并执行了一种无情的对外政策。他们用肆无忌惮的谎言和伪装欺骗外国统治者，同时又利用战争转移人民对国内问题和动荡的注意力（第368－369页）。选出的执政官比被他们取代的国王们还热衷于战争，因为他们只有很短的时间可用来树立名声（第355页）。罗马人的桀骜不驯和国内暴力使他们成了十分可怕的人，因为他们每个人都知道怎样使用武器（第414－415，426页）。在共和国时期的罗马，自由与身体的暴力是不可分割的。罗马在军事上的成功一部分是由于幸运，但主要是归功于元老院的机智，它采取了各个击破的方针，一个接一个地消灭敌人，直到征服整个意大利。当罗马人被汉尼巴（Hannibal）打败时，元老院设法使人民顽强抵抗直到反败为胜（第378－379页）。由此可见，罗马人的普遍好战与元老们从前人继承下来的政治智慧结合在一起，推动罗马人走上了不断扩张的道路。

由于罗马人民承认元老们的政治才能，所以，尽管在驱逐国王后权力的天平已经偏向了人民一方，但他们还是自愿地同意与元老们分享政治权力。这并不意味着他们愿意容忍暴虐的政策。但是，在相当长一个时期里，罗马拥有一种地权平等但政治权力不平等分配的制度。在一个时期中，护民官曾努力维护人民的利益，但后来由于“人类永恒的弱点”他们也转而采取了侵犯人民利益的立场。习俗、推行节俭习惯的监察官与军事纪律一起使罗马人成了一个自由、热心公益并且高度军事化的民族。

罗马人在其共和国时期也决不是俯首听命的。孟德斯鸠观察到，“政治团体中所谓的统一是个十分模棱两可的事物”。“如果政治团体的统一是真的，那么它就是一种和谐，这种和谐使各个部分——无论它们在我们看来是多么对立——共同为社会的公益而努力……如果我们在一个国家中只能看到不一致，它就不可能有统一，然而唯有真正的和谐才能带来幸福，幸福是唯一真实的和平。”在这一点上，罗马完会不同于肆虐的独裁国家，这样的国家表面上平静，实际上却有冲突，它的平静“不是属于团结的公民，而是属于被并肩埋葬的尸体”（第415页）。多元性及其永恒的矛盾冲突是实现政治自由的基本而必要的社会条件，这是从历史中总结出来的又一条政治规律。

并不是城市里不断发生的政治骚乱削弱了共和国的力量。罪魁祸首是军事上的成功及其造成的后果。孟德斯鸠不时提及的生机派医学家认为健康的本源被干扰时会变成疾病的根源，同样，使罗马崛起的原因随着时间的推移也导致了罗马的衰落。罗马的扩张超出了它作为一个共和国管理自己的能力。这时，罗马既不是一个君主国，也不是一个共和国，它已经成了由世界各民族组成的政体的首领(第400页)。由它控制的疆域得到了极大地扩张，战场延伸到十分遥远的地方，这两者使军队在过长的时间里过远地离开了罗马城。士兵们开始更多地依赖本地的将军，而不是依赖国内的政府，结果是将军们获得了过大的权力。究竟哪个将军把自己变成罗马的主人，已经仅仅是个时间和机会的问题了。奥古斯都是唯一能有力地实行新秩序的人，他成为第一个皇帝纯粹是个偶然事件，他战胜他的对手仅仅是帝国成立的特殊原因(第431页)。在他登极之前很久，自由就已经在政治上成为不可能的了。罗马城里没有人还想抑制野心勃勃的将军们。对世界的掠夺使一些罗马人成为巨富，也使他们喜爱奢华、贪得无厌、腐败堕落。现在，罗马的公民们要么十分贫穷，要么十分富有，发财致富的人和失财败家的人都更关心自己，而不是关心祖先制度的保存。他们已经不再组成同一个社会，他们不想为自由冒个人风险。但他们对征服的热情丝毫未减，孟德斯鸠发现他们的军事英雄主义几乎一直延续到帝国的灭亡，这是关于道德原因在历史中之力量的一个惊人证据（第414－419页）。

导致共和国制度发生转变的最深刻的一般原因是它为了满足大帝国对人力的需要执行了把罗马公民权赋予意大利同盟者的政策。这样众多的人口已经不可能以旧方式实行自治，公民权也失去了它的感情意义（第412－413页）。罗马人善于采纳被征服民族那些看起来对自己有用的风俗习惯，这曾经是使罗马人强大的一个因素。但是，当士兵们在遥远的地区入乡随俗从而与首都疏远时，这种弹性便成了严重的弱点。在帝国仍实行共和制期间，这个导致不忠的根源一直在削弱着帝国的力量。新帝国的确缺乏共和国享有的稳定之源泉：皇帝是由士兵及其长官决定的，也是由他们废除的，皇帝必须依赖他们经营庞大的帝国，但却不能指望他们对自己效忠（第460页）。皇帝们像过去的元老们一样专横跋扈，但除了少数例外，远远不及元老们有能力。按照孟德斯鸠的判断，皇帝们不是精明强干的统治者，而且由于国家的结构本身具有内在的不稳定性，所以即使是图雷真（Trajan）这样的好皇帝也无法真正给它带来长远的变化。对一种由来已久的制度乱动手脚历来十分危险，而君士坦丁在这方面可能表现得尤其不明智。原因是，我们只有在回顾时才能看清这种制度的稳定之基础是什么（第476页）。这显然有这样一个寓意，君士坦丁的举动不仅仅把帝国分裂成了两半，而且引进基督教是军事帝国所无法承担的事件。难怪孟德斯鸠一个当教士的朋友说更使他忧虑的是书中的某些沉默，而不是书中明白说出来的东西。确实，君士坦丁的政策不是导致西部帝国弱小的唯一一个一般原因。西部帝国一直是个不稳定的军事制度，当它使自己同时受到几支军队攻击时，它就灭亡了。

东部帝国的统治阶级较之西部帝国的统治阶级更无能，但是由于他们的邻居大多数更软弱，所以他们生存反倒较长一些。他们还垄断了世界的商业，尽管他们不像迦太基人那样纯粹经商并以追求财富为政策的主要目标。东部帝国的精神是战争与宗教偏执的混合，孟德斯鸠很认真地认为这是希腊人的特点（第506－510页）。东部帝国的偶像崇拜、世俗权威与教会权威界限不清并且互不容忍导致了一种不稳定的独裁统治。结果之一是发生了一系列教会分裂，因为宗教改革看起来没有希望成功。后来，随着加尔文主义的兴起，欧洲再一次发生了这样的事（第 511 – 512 页）。靠政治力量维持正统性显然是宗教的一种疾病。不过，即使在这些不利的情况下，宗教也对东部帝国的皇帝们起了限制作用并挫败了他们试图获得无限权力的努力（第 519 页）。但是，长远看，宗教偏执是个不利条件，尽管克伦威尔的军队在不久前证明宗教狂热可以在一段时间里鼓舞士气（第 511 页）。它的缺点是会助长残酷而且绵延无期的内战。在一个自由的国家中，民间的冲突与宗教的多样性是力量的源泉。即使是在法国这样的君主国家里，纯粹为争夺权力而进行的激烈内战最终也会结束，但宗教战争却无休无止，因为引起这种战争的激情不会消失。显而易见，不论在什么样的国家里，都应当大力宣传宗教宽容。

基督教甚至没能使后来的罗马人变得不那么残忍。君士坦丁禁止格斗比赛，但是这并未使人变得比较温和，它只是压抑了人的勇气而丝毫未改善人的道德（第 476 页）。他们仍然是“生活在残酷国度中的残酷的人”。罗马人对子女和妻子的权力、他们对武力的迷恋、他们的竞赛以及元老院蓄意制定的政策一起把他们变成了残忍的人（第 451 页）。他们的残暴是民族性的一部分，在这种民族精神中，公众的目的消除了一切个人的冲动。甚至继承法也是公众的，个人根本没有私自转让财产的权利。在帝国中，臣民只关心私人事务，皇帝及其随从对武力有独占权，因而这是一种恐怖制度。军事技术被保存下来为独裁者服务，但这在当时也是罗马人发展起来的唯一一项技术。他们不懂艺术，不懂制作，也不懂商业。罗马人甚至在腐化和被奴役时仍能打好仗（第418－419页）。但是他们在其他各个方面都被改造了。

孟德斯鸠认为，有两种根本性的政治变化必须要用一般原因去解释（《论法的精神》，XI．13）。一种情况是，政府形式改变了，但是社会的性质没变。罗马在驱逐国王后向共和国的转变就是这种变化的一个例子，这种变化显然是一种改进。第二种变化是当一个民族或者至少是统治这个民族的那些人的精神被改变时发生的变化，它通常是腐败的结果。罗马共和国末期，在奢侈和不平等的影响下，个人野心取代了统治者和被统治者对公益的狂热，第二种变化便发生了。在这种情况下，政治制度与社会都被改变了，尽管罗马民族的残暴性格一直是罗马的要素，并且孟德斯鸠认为他发现这种性格贯穿在全部罗马历史中（《沉思录》，961）。

孟德斯鸠所说的腐败指的是什么？它在他的政治变

化理论中起什么作用？当谈到自由国家时，他对腐败一词的用法与我们大体上相同，指的是用金钱购买政治特权和政策，并指在全部公共生活中盛行对个人财富的追逐、贿赂、假公济私、以及利用政治权力使个人致富是自由国家中发生腐败的标志。在民主共和国中，腐败必将传染全体人民，因为掌权的是人民，而在其他政治制度下，只要统治阶级丧失道德约束，便足以使腐败开始。非法财产交换造成的实际损害是腐败了统治者和被统治者对自由国家的忠诚。只有专制国家不会腐化，因为它们一贯是腐败的；腐败是专制国家的本质。有的时候它们的残暴性会有所收敛，但它很快就会恢复原样（《论法的精神》，Ⅷ. 1－10）。

腐败是古典历史循环理论的核心问题，这种理论认为只有一种变化过程，即腐败之后跟随着政治变革。按照这种观点，城邦国家一开始是君主国，它们的统治者后来堕落成自私自利的暴君。这些暴君被爱国的贵族推翻，贵族又腐化成自私自利的寡头。人民起来反对寡头政治，并建立起守法的民主政治，民主迟早又会堕落成暴民统治。罗马的宪法包含着这三种纯粹政府形式的要素，只有它能避免政治制度的生命循环。罗马能避免像它们那样陷入政治松懈，因为政府的各个部门是互相严密监督的。孟德斯鸠在考察罗马史时接受了这种理论的许多观点，他对罗马史的研究主要借助一些拉丁史学家，而他们正是用这种理论去解释历史的。有时他也思考一种更可怕的循环，即政体的有机死亡与腐败的循环，这种循环也是以古代城邦国家的历史为基础的。国家是从野蛮到征服，并进而走向文明。然后它们变得精致起来，这种精致削弱了它们，因而它们被征服并重新沦为野蛮（《沉思录》，1917）。孟德斯鸠认为，罗马人直到西部帝国末日降临才失去他们的军事英雄主义，因此这个软化过程一定相当缓慢（《关于罗马人之兴衰的思考》，第419、480页）。这种腐败的危险不在于金钱，而是柔弱和丧失体力，当罗马的军团被东方的奢华引诱时，他们的腐败也就开始了（第387页）。

尽管孟德斯鸠也认为一切国家最后都要衰落和灭亡，但总的来讲，他想采用的政治变化理论比古典循环理论更有弹性。民主政治可能以两种方式发生变化，它们是人民丧失公共正直的结果。民主政治可能被对过度平等的欲望冲垮，在这种情况下，它们会陷入无政府状态并被较有秩序的外敌征服。它们也可能失去平等和节俭精神，并从而转化成一种不平等的贵族统治。贵族政治可能会变得崇尚平等并从而变成民主共和，但它们也可能变成任意的集体暴政。当中间的团体被君主破坏后，君主统治就变成了君主专制。当各社会等级和市民的特权被废除时，通向专制的道路就已经开通，但这并不是必由之路。罗马人民和英国人民都在他们的君主达到专制之前就推翻了他们的君主。与此相应，孟德斯鸠对混合制度的信心也不像波利比阿那么大。罗马的宪法一开始就有个危险的缺点。司法权没有与其他权力分开，而且分散在执政官、元老院和人民中间。当骑士们接管并滥用了司法权之后，宪法便在这些新人手里遭到了不可挽救的损害（《论法的精神》，XI．11－19）。

腐败的性质看起来取决于它发生在哪种制度下。奢华仅仅对共和制来说是致命的，在其他政府形式下，金钱并不造成腐败。不择手段地追逐权力是导致政权衰落的一种更为普遍的原因。但是，无论衰败采取什么样的形式，它总是从最上层开始。庞培、克拉苏和恺撒败坏了罗马民族（《关于罗马人之兴衰的思考》，第439－440页）。占据政府要职的那些人率先腐化；然后，为了证明他们丧失道德是合理的，他们也使人民腐化。在贵族政治和君主政治体制下，失去公共责任感的只有统治者。按照孟德斯鸠的阐述，人民有反应性但无革新性，罗马人也不例外。他们响应领袖们的召号，只有当压迫威胁他们这样的极端情况下他们才会起义。主动权总是掌握在国家的世袭或选举产生的统治者手里。因此，对国家腐败负完全责任的是国家的精英阶层。

财富的作用并不是在各个时期都一样。孟德斯鸠认为经商的英国是现代帝国的样板，但他又认为古代从事商业活动的迦太基远远比不上罗马。诚然，孟德斯鸠没有放过共和国时期的罗马的任何一个缺点，也没有忽略它那令人沮丧的士气。但是，迦太基人更差劲，因为他们的商人动机使他们背叛了汉尼巴并从而导致了他们自己的毁灭。他们的商人气质使他们不适合完成公共的事业并使他们变得卑鄙可耻（第 370 – 372 页）。现代的商业帝国则完全不同。它是绝对有益的，不仅对英国有利，对殖民地人民也有利。世人可以利用金钱使英国政体失去平衡，但是无论是财富、奢华还是商业，它们在现代世界中都不具备内在的腐化性；它们的唯一危险是它们可能被用来打乱政治自由所依赖的政治平衡。现在真正的危险是主张征服的帝国主义，比如西班牙对美洲的统治和路易十四发动的欧洲战争。甚至为了建立其世界帝国而蹂躏世界的罗马人也不像现代西班牙人那样野蛮，这些人在墨西哥“为了保存一切而毁灭了一切”（第 460 页）。他们纯粹是土著居民的屠杀者。在孟德斯鸠看来，在欧洲建立一个帝国已经是不可能的了（第460页）。这种征服的代价令人望而却步。此外，由于印刷业的发展，消息传递极快，世人已经不可能像罗马人那样一个接一个地对别国进行突然袭击了（第507－508页）。仍然有可能建立的是海外帝国，它们可能是富饶的商业殖民地，也可能是贫瘠的沙漠。现代欧洲只能在英国帝国主义和西班牙帝国主义之间进行选择，而孟德斯鸠讲罗马的例子则明显地是为了对未来的征服者发出警告。孟德斯鸠最热切的希望就是国与国之间的条约和法律不再容许人像罗马的元老院那样公然置之不理（《关于罗马人之兴衰的思考》，第390－401页；《论法的精神》，X．1－12）。

尽管分裂的现代欧洲与古代罗马之间有巨大的差别，但是孟德斯鸠仍然相信这个不同寻常的民族的历史是有用的，当世人为了说明关于政治变化的普遍有效的规律而重新讲述这段历史时，它的有用性尤其显著。一般意义上的历史有助于全面展示人类的心理，因为它能在多种多样的情景下揭示人类永恒的特质。历史学家按照一种合理的顺序整理人类的行为和动机，为的是使人可以理解过去的行动、制度与事件发生的理由（《沉思录》，1795）。历史学家也正是用这种方式给我们带来自我理解的讯息。

第四章

《论法的精神》：约束与自由

当我们从头到尾读完孟德斯鸠全部已发表和未发表的著作时，我们会意识到他为写作他的杰作《论法的精神》花费了毕生的精力。这部书于1748年出版于日内瓦，可以自由地流通，既未得到书报检查官的同意，也未受到他们的干涉。它一出版就获得了成功。该书问世两年后，孟德斯鸠在给一个朋友的信中写道，他的著作已经印了二十二版，全欧洲都在阅读它。后来也出现了许多批评者，但他们只是进一步提高作者的声誉。作者实际上完全清楚自己作品的独创性价值。他在为该书写的最后一篇序言的开头引用了奥维德的一句话，“一个没有母亲的孩子”。这不是说他的思想都是全新的，作者的意思是他构造了一种前所未有的独特政治理论。确实，尽管他经常征引其他著作家，但十分明显的是，即使在谈到他们中最伟大的柏拉图和亚里士多德时，他也只是把他们看成是知识的来源，而不是把他们奉为哲学的权威（《沉思录》，1378）。

孟德斯鸠为他的著作表现的溢于言表的自豪之情在一定程度上可能要归因于他战胜了双目失明的困境。他对一位朋友坦白地说，假如他不为自己的疾病困扰，这本书可以写得更好。书的全文都是由他向不断更换的秘书口授的，这是件令人沮丧的事。不过，更为重要的是，孟德斯鸠知道他把自己毕生的经验都投入到了他的最后一部著作中了。在这本书上，他投入了自己作为法官、科学家、小说家、史学家和游行家拥有的全部智力资本。他从事最长的职业被证明具有最长久的影响力；从书的标题就可以明白地看出，这部书是论法律的。令人惊奇的是，尽管此书有这样一个主题，但它的笔调和传递的信息都比他的前两本书乐观。理性和知识能够卓有成效地防止腐败和不正义，甚至能够控制影响人类幸福的自然障碍。尽管在这部书中比在《波斯人信札》中能更多地看到专制主义的破坏和恐怖的鬼影，但它给我们提供了更可行的政治选择。虽然《关于罗马人之兴衰的思考》收集的大量材料被重新运用在这部书中，但它向我们讲述的更多的是生气勃勃的共和国，而不是腐朽没落的帝国。最大的区别是语气上的区别。这个故事讲的不是个人的绝望和历史的衰落，而是通过做什么才能避免大众的灾难、减少破坏人生的政治暴行。孟德斯鸠变得激进了，可能是由于他的英国之行，也可能是因为受了百科全书派年轻朋友的影响。与绝大多数人不同，孟德斯鸠年龄越大，越确定地相信实行积极的政治行动是可能的。他从来没有放弃自己的怀疑主义，并且像从前一样不因怀疑而烦恼，但他的笔记表明他在晚年时在社会活动和思想两方面都变得更自信了。

像大多数政治理论巨著一样，《论法的精神》至少有哲学、历史和论战这三个方面的目的。它的哲学目的是，定义法的结构，在一些连贯的标题下对各种各样的社会规则和程序进行分类，从而揭示它们在任何一个既定社会中的地位。历史的例证不仅要解释一个社会在某个时期的法律如何获得了它们的独特性质，还要说明它们在"事物之本然"中发挥的作用。"事物之本然"是孟德斯鸠喜用的短语，它指的是整个社会的和物理的环境，法律乃是这个环境的一个可变的组成部分。作为一种既定的事态，事物之本然决定了有效立法的可能性和界限。历史也能为建立关于人类法律的经验科学提供材料，这种经验科学像自然科学一样。这种关于人类法律的经验科学归根结底是一种带有明确实践性的学说，因为孟德斯鸠像从前一样坚持警告他的同胞小心专制主义的危险，并利用一切机会鼓励将法律自由化和人道化。恐怖政策一直是孟德斯鸠最大的敌人。

我们不能说孟德斯鸠总是小心地把他的各个目标分别开。他使用 devoir（本分、义务）一词来表示“必须”（作为一种自然的必然性）、“应该”（为了达到某种目的）和“应当”（因为它是对的）。他的著作的最后一版的副标题就是有歧义的：“法律与各个政府的政体、与风俗习惯、社会风气、宗教、商业等之间 devoint（必须、应该、应当?）有的关系”。除了这个困难，书的每一章都有大量例证和题外话，使许多读者觉得这部书结构松散、令人迷惑。确实，孟德斯鸠自己也承认他为了面面俱到有时不得不杂乱无章（《论法的精神》，XIX.1）。但是，《论法的精神》实际上有个明确的规划，一旦读者把握了这个规划，读书的各个篇章就井然有序了。前十三章讨论的是法律作为社会约束和社会解放的功能。法律的这两个同样必要的目标之间的矛盾和对立是贯穿该书这一部分的主题。此书的第二部分讨论的是自然的必要性和文化特点，它们塑造并限制人类将自己意志强加于环境之上的能力。只有知识才使我们有可能在我们生于其中的物理和历史世界中安然生存并开展有效的活动。蔑视“事物之本然”将招致理智和政治上的灾难。立法者应得的教训是他们不仅要把法律看成是审慎之政府的工具，而且首先要把法律理解为他们所统治的社会整体的一个组成部分。因此，法律的精神是一种混合，一方面是有意图的人类计划，另一方面是制约一切社会规则的深刻环境。最后五章是附录，它们分析了罗马和法国早期的继承法，目的是说明应该怎样研究法的历史。最重要的一点是，这本书研究的是法律的精神，而不是法律的条文；它研究的是法律在社会中的意义，而不是法律典籍中的说法。

按照惯例，《论法的精神》有个简短的开篇，它是模仿一位最受尊重名声最大的权威——二世纪的罗马法学家乌尔比安（Ulpian）的著作写成的。像乌尔比安一样，孟德斯鸠一开始首先对一般法律下定义，然后才接着阐述各类具体的法。他恰当但是尽快地严格忠实于乌尔比安的原著讨论了法律的哲学依据，随即着手讨论实际的问题，即成文的、由人制定的法律。他对法律的第一个定义含义很模糊，“法，在其最一般的意义上，是由事物之本然产生出来的必然关系。在这个意义上，一切存在均有其法：上帝有上帝的法，物质世界有物质世界的法，高于人的天使有天使的法，禽兽有禽兽的法，人有人的法”（《论法的精神》，I.1）。几乎没有人对这些话表示满意。休谟那样的怀疑论者抱怨说“关系”一词是毫无意义的形而上学抽象。这当然是不公平的，因为孟德斯鸠丝毫没有形而上学的抱负。他只是想把法律当成其他一切社会条件的原因和结果予以讨论。当教士的读者们也生气，因为他们看到的这个由各种规范构成的等级体系把上帝、人和禽兽包括在了同一个永恒的系统中。实际上，谨慎的孟德斯鸠对他的开场白作过补充，他指出，如果没有一个睿智的造物主和第一因，这个规则结构是不可思议的。上帝不再活动于世界之中，但世界的一切都是由上帝创造的。这种说法对基督徒读者来说可能仍嫌不足，但对孟德斯鸠本人来说却十分重要，因为立法行为是他的法律观的核心问题。他在一个笔记本上写道，当我们在一个社会中看到法律时，我们总是会想到一个立法者，这正像每台机器都有一个制作它的工匠一样。世界上的一切事物都有个原因，每一件制作品都有一个制作者。由于宇宙肯定是被创造出来的，所以一定有个创造宇宙的神。孟德斯鸠是有神论者，不是无神论者。自然世界的法律应当是由一个睿智的存在创造的，这个命题在他看来不仅具有象征上的必要性，而且是可信的。人类社会的形式和性质大多是由人类立法者决定的，他们不是像莱克尔加斯（Lycurgus，公元前九世纪斯巴达政治家、斯巴达宪法的制订者）那样是遥远的神话人物。孟德斯鸠指出，仍然鲜明地活在人记忆中的威廉·潘恩（William Penn）并不比莱克尔加斯做得少，事实上他比莱克尔加斯做得更好，因为他的法律的目的是和平，而不是战争。此外，孟德斯鸠还认为，他在英国看到的议会法是一种不断发展的实践，不是一种刚刚开始的创造。不过，虽然立法行动十分重要，但它并不能决定法律的性质。孟德斯鸠把法律说成是一种关系，就是因为他不像霍布斯和普芬道夫（Pufendorf）那样把法律看成是上司的命令或君主的意志。关系也许的确是个含糊的字眼，但是，在这里它不意味的东西可能比它意味的东西更重要。

按照惯例，法律论著之绪论的第二部分应该讨论人类法与自然法的区别，孟德斯鸠也是这样做的。人类的身体即我们的机器像一切物质对象一样服从物理规律，但是我们的灵魂及其意义可以在行为方面作出选择。正因如此，我们不像动物那样完全受本能支配。在这里，孟德斯鸠紧紧追随了乌尔比安，认为自然法就是自我保存的本能。不幸的是，我们不像禽兽那样得到自然的良好照顾，禽兽没有引诱它们误入歧途的智慧，因而它们生活得比我们更快乐和平。事实上我们是自然的继子，我们必须为自己制订各种规则来约束和指导我们。有神论使得孟德斯鸠可以认为物理运动的规律、动物的本能和社会的规则具有某种相似性，不过我们能够拒绝遵循动物的本能和社会的规则。

正义也不是孟德斯鸠的法律定义的组成部分，但这并不意味着他忽视正义。正如乌兹别克说过的，如果有一位神，那么他一定是正义的，否则他就是魔鬼，即使没有神，我们也应该爱正义，因为它是一种具有内在恰当性的关系，符合一个完美的存在应该建立的关系。我们至少应该相信，有个内在的声音告诉我们什么是对的什么是错的。没有这种最低限度的信仰，我们就会陷于绝望，就会生活在永恒的恐惧中（《波斯人的信札》，lxxxiii）。《论法的精神》不再把正义看成是必要的神话。它断言，正义观念与法律观念是同时在人类心灵中出现的，就像圆与它的半径一样。法律与正义是不可分割的，一个蕴涵着另一个。正义甚至可能在时间上先于法律，因为我们对有恩惠于我们的人的确有一种内在的感恩。但是没有什么东西暗示出正义起源于人类智慧之外的某种东西。最重要的一点是，没有法律，我们就无法生存。一个曾掌管刑事法庭十几年的人不大可能忽视强制性法律之必要性，但是他从这一考虑推出的结论不同于霍布斯的结论。他没有使用霍布斯的充满恐怖和侵略的自然状态下盛行的那种自然法，主要原因是，他认为玄想前社会的生活是无关紧要的。在这样一种幻想的状态下，人可能太胆小太简单，以致于想不到统治别人，统治是以相当多的社会经验为前提的。孟德斯鸠没有考虑关于前政治之地狱的观念，也没考虑完美乌托邦的观念。法律处理的是生活在历史中的人，它至多不过是应用于事物之本然的理性。这种推理对乌尔比安的最后一类法即国际法尤其必要。国际法是关于国家之间战争与和平的法，它教导各个国家在战争中要尽量少伤害对方，在和平期间尽量多做与自身利益也一致的好事。

最后，孟德斯鸠在论述不同种类的法律之间的关系时远远超过了乌尔比安。在后封建和宗教多元的欧洲，使各类法律互不干涉已经成了极为重要的事。现代法律的首要任务就是将行为的私人领域和公共领域区分开，只管后者并且组织法律程序保护前者，否则就不可能有自由；约束只是法律的一半目的。首先，必须把管理政府的结构与权力的规则与适用于公民个人的民法和刑法区别开。一定不能允许统治者把他们的职位视为个人财产。现在，私人权力与公共权力的封建混合已经不合时宜了（《论法的精神》，XXVI. 15 – 17）。反过来，如果政府干涉民法，公民的人身和财产就会受到威胁。不加适当的补偿就废除对财产的“保障”并为公众目的而夺取私有财产绝不可能有利于公益。如果公益不是对财产的保障，那么它是什么？有迫切的理由要求我们把公法与私法区别开，孟德斯鸠认为这是他的著作最有独创性的部分（《沉思录》，1770）。

正如世人会期待的，宗教法律应该完全与世俗法律区分开。宗教处理的是永恒的真理，它的律令不能被应用于变动不居的社会世界。它应该对我们的心说话，应该依靠劝说，而不是依赖武力。一定不能有可惩罚的宗教犯罪。因此宗教审判和迫害是对刑法的侵犯，是对人身案例不可容忍的侵犯。的确，宗教的规则能对社会的稳定作出巨大贡献，当它们确实发挥这种作用时，民法应该学它们的样子，例如在婚姻法问题上就是这样。但是，遗产、嫁妆和孩子的合法性都是政治经济问题，因此必须留给民法去处理（《论法的精神》，XXVI. 2，9－13）。慈善性的遗赠和贫民院的管理等事项也是如此（《论法的精神》，XXIII. 29）。两性关系和家庭关系是我们的自我保存之本能的延伸，因而属于自然法的范畴，应该完全摆脱公共的控制。由于我们的安全取决于有个受保护的私人领域，也由于这些行为方式是相对于时间和地点的，所以不应该用刑法的严格性要求它们。读过《波斯人信札》的人不会因孟德斯鸠不被乱伦震惊而感到奇怪。

自我保护的本能在国际法中发挥了最有创造性的作用。政治法总是试图把国际法归结为政府的权宜之计，因而，如果不把国际法与政治法区分开，它就不可能存在。国际法禁止灭绝人性的战争，只允许与人类的保存相一致的自卫战争和解放战争（《论法的精神》，X. 2－4）。任何法律都不能证明永久奴役是正当的，如果允许奴役，那么也只能在军事占领的最初几年允许。最后，征服者的法律不能取代国际法。西班牙没有权利因为美洲印第安人的国王不按照西班牙的习俗进行统治而杀害他们（《论法的精神》，XXVI. 20－21）。人性永远先于公民权（《沉思录》，350）。最重要的是，法律必须被放在适当的地方，从而使它们既不太烦琐，也不太易变。它们将有力地提醒我们可以做什么以及不可以做什么。

在所有可能的立法领域中，政治法（宪法）在确定我们必须遵守的规则方面比其他任何法律都重要得多。孟德斯鸠认为，有三种政府形式，即共和政府、君主政府和专制政府，它们的区别在于统治者的数量和品格。共和国可以由许多人统治，也可以由少数人统治，也就是说，它可以由人民统治，也可以由贵族统治。在君主国家中，一个人按照预先制定的法律进行统治，而在专制国家中，统治者不受任何约束。假如这种分类法不曾特别强调专制，那么它就是一种十分普通的政权分类法。但是，在这里，没有法律的独裁统治并不仅仅是一种政府形式，它还是一种极限情况，是政治腐败的极限。一切政府都依据其与这种邪恶之距离的远近得到评判。对孟德斯鸠来说，它是用来衡量统治者的心理素质和政府结构的尺子。因为专制是灵魂的一种激情，是一种政治倾向，也是一种政府体系。如果一个国家的制度化的权力过分集中，那么它就正在结构上趋向专制，这在君主国家中是特别容易发生的。亚洲的专制统治是它们的最后目标，专制的盛行对孟德斯鸠来说很重要，因为他想确实地让他的读者们充分明白这样的政权确实存在。

政府的形式还不足以规定政体的性质，必须补充一些更有活力的东西，即执政者的激情和气质。它们构成了使国家行动并使国家具有有效性的“原则”。它们之于国家就如灵魂之于个人。民主政治中的美德、贵族政治中的节制、君主政治中的荣誉和专制政治下的恐怖都是这些政体不可缺少的组成部分，改变了这些原则就改变了全部政治秩序（《论法的精神》，Ⅲ.2，9）。这些原则不是意识形态（意识形态是复杂的思想构造），而是公众的精神或共有的意向。为了完成下定义的工作，孟德斯鸠指出，虽然所有的国家都以保存自己为目的，但每个国家都还有个特殊的目标，例如，这个特殊目的对斯巴达来说是战争，对多数君主国家来讲是荣耀，对英国而言则是自由（《论法的精神》，XI.5）。这是对法律的任何一种科学研究都必须考虑到的政治心理，“道德原因”。

由于任何一种制度的生存都取决于统治者坚持制度之原则的意向，所以教育一定是法律加在统治者身上的第一个约束。我们最早产生的印象最牢固，把政府的原则印在青年一代心上的工作开始得越早越好（《论法的精神》，Ⅳ.1）。这在古代很容易做到，那时只有一套道德规范可被接受，但是在现代的欧洲，家庭、宗教和世界各有一套教导，不过世界的教导通常会占上风（《论法的精神》，Ⅳ.4）。但是，我们没有理由相信孟德斯鸠对现代被分裂的自我感到不满。他不习惯进行这种内省。他为之惋惜的是传统法国精英们软弱的公共活动。专制当然是回避教育的，无知才是它存在的正常条件。

政府怎样约束公民，统治者应该怎样得到约束呢？孟德斯鸠对各种制度的运作进行的分析描述，既是历史的，也是告诫性的，二者不可分割地结合在一起。他阐述的题目是，人为了保持一种政府形式做过什么，应该做但却没做什么，以及经常不做什么。他这样做的结果，与其说是构造了四个政府类型的模式，不如说是制造了一个人为的大杂烩，其中有哪些政策保持了各类政府的生命力，哪些政策仍然可能继续保持它们的活力，还有哪些决策最终导致了各类政府的衰落和转化。在讲到每一类政府时，他都从一个最重要的问题开始：谁统治？

在一个民主共和国（雅典是孟德斯鸠的主要例证）中，全体公民统治并被统治。因此，它最重要的政治决定是应该把谁算是个公民，一个投票者，因为这些人将直接统治自己。孟德斯鸠认为应该相当广泛地普及选举权，但主张选举权的运用应该局限于一个有限的立法范围，应把多数留给选举产生的法官们决定。有些法官可以用抓阄的方法选举，但多数法官应该在公开集合中选举，从而使讨论与劝说能在人民的评议与选择中发挥作用。并非所有的选票都需要得到平等的计算，可以把选民分组，从而使较富有的选民的选票有额外的分量，但一般来说我们可以期待全体人民在选举中作出相当明智的选择。激励公民的是被定义为爱国热情的美德和对平等的热爱，只有在成员彼此相似的小社会里才有可能这样做。社会规模小带来的军事威胁可以通过与相似的政体结盟而克服（《论法的精神》，Ⅸ.1－3）。孟德斯鸠认为，在纯粹的民主制度中，构成共和国公民之爱国主义的是平等主义激情而不是对军事的激情，所以，民主的第一需要看来是社会教育，而不是军事纪律（《论法的精神》，V.3－7）。只有在罗马，长久的军事热情才是爱国主义必不可少的组成部分。不过，无论在哪种情况下，由相互监视的公民组成的紧密团结的小社会对维护民主及其平等精神都是必不可少的（《论法的精神》，Ⅶ.16）。负责监查社会风气的官员们必须加强对成人行为的那些非官方的限制，但最重要的是教育年轻人，他们在严格家长制的家庭中必须服从长者。这种习俗不是对平等的破坏，而是权威的循环，因为每个男人都可以指望最后成为睿智的父亲。除了教育，执法是民主制政府的最紧迫任务。被控告的罪犯必须得到最广泛的保护，因为每个公民的生命都同样宝贵，但是一旦判断作出，就不能再宽恕。一切犯罪都是对其他公民兼统治者的公开冒犯。因此，也不应该有独立的宗教法庭，一切都是一个公共秩序的组成部分。节约法可能是一项维护俭朴与平等的好政策，俭朴和平等是社会的美德，不是宗教的美德。由于妇女在这些社会中被视为消费品，所以她们的纯洁简朴是一个平等的共和国的节俭正直的组成部分（《论法的精神》，Ⅶ.8－17）。在共和国中，一切关系都是公共关系，所以男人的友谊只有在共和国中才能得到充分的实现。在共和国中，男人彼此热烈地爱，也强烈地恨，而在君主国家里，他们之间只能感到本能的喜爱或鄙视（《沉思录》，1253，1675）。雅典始终萦绕在孟德斯鸠脑海里，他在这里描绘的共和国正是处于最佳状态时的雅典。孟德斯鸠并不是最后一位对雅典着迷的政治思想家。

在民主共和国和贵族共和国中，对公民的思想灌输深刻而微妙。如果这种思想灌输失败，那么就将丧失一切，原因是，一旦那样，谁还能使一个堕落的民族恢复爱国主义和平等呢？正如我们已经看到的，腐败总是从上层开始。孟德斯鸠对罗马人民的信心远远大于他对罗马执政官的信心，但是罗马人民最终也失去了他们的美德（《论法的精神》，Ⅷ.12－16）。共和政体的最大问题是当它们失去内部均衡时推迟灾难时刻的到来。的确，最能显示政治精英之软弱的就是主张共和的贵族们的行为，罗马的执政官和现代威尼斯人是这类贵族的主要例子。在这里，主权，即立法和执法的权力，掌握在一批贵族的手中（《论法的精神》，Ⅱ.3）。他们愈接近民众，他们的地位愈稳固，因为某些平等主义的约束仍然是有效的。当他们的地位成为世袭的时候，所有的约束都失去了力量（《论法的精神》，Ⅷ.5）。这时，就很难阻止个人野心与贵族成员的相互仇视毁灭共和国了。如果他们想生存下去，那么他们就必须遵守节制原则，但是威尼斯的历史表明他们做不到这一点。强迫他们节制的一种方法是通过征税剥夺他们可能获得的过多财富（《论法的精神》，Ⅶ.3）。另外，应该鼓励贵族与平民结亲，财产应由继承人均分，禁止经商致富，从而不至于在已经不平等的政治状况上再加上经济的不平等。但是，归根结底还是没有一条法律可以把贵族限制在共和国的范围内，只有他们的节制和良知可以做到这一点，而且这可能还不够（《论法的精神》，Ⅲ.4）。除非贵族们可以通过维护自由而维护自身的利益，否则自由在他们手中是不保险的。

总的来说，关于共和政府，孟德斯鸠提出了哪些论点呢？首先，这些政府是相当合理的，它们的法律有很充分的理由，这些事实导致了它们的政治稳定性和政治风气。但是，也有一系列的错误以及公共意志的丧失，它们对这些国家的合法生存起着损害作用。共和宪法是特别脆弱的，因为它们依赖风格、习惯、和公民的态度，远胜于依赖明确的立法。事实上，这些宪法只适用于具有深刻传统性、一体性并且完全适合政治目标的社会。每一种制度，无论是家庭的还是社团的，都必须为共和秩序服务，尤其是要为平等主义的政治结构服务。这显然不是一种容易仿效的制度，孟德斯鸠也从未建议人效法它，事实上恰恰相反。他重构共和的政治经验，目的是为了科学研究，而不是为了使之成为一种纲领。他通过比较有效用的宪法与被破坏的宪法揭示了共和政府必须承受的沉重要求，这种比较只是关于政治生存的一种一般理论的组成部分。孟德斯鸠显然希望自己发现了衡量政府表现、辨认腐化之开始以及预言共和国可能经历之过程的标准。一旦人充分掌握了一种制度的结构和运动，那么，尽管人不会因此获得医治其疾病的良药，却可以获得一种运用历史去理解共和国的宪法和其他政体之宪法的新方法。

最令孟德斯鸠感兴趣的政府形式是君主政治。当时，大多数欧洲国家由君主统治，他的著作是关于法国的，也是为了法国。在君主国家中，立法权掌握在君主一人手中，但是他周围有法律和制度阻止他把自己的意志强加于他的臣民身上，因此，对君主权力的限制是君主政治之定义的一个组成部分（《论法的精神》，Ⅱ.4）。因此，对设立中间机构来限制时刻会给人民带来灭顶之灾的王权之“海洋”，无论作什么样的估价都不会太高。法国国王与民众之间还有另外一些屏障，孟德斯鸠有时用赞赏的口吻谈到其中的上诉法院，但绝不是永远使用这种口气（《沉思录》，589）。他甚至认为买卖和继承司法职位是合适的，因为这使职位的拥有者不受君主的控制，而且可能比国王及其大臣的任命更能提供较好的法官（《论法的精神》，V.19）。他对上诉法院的内部缺点了如指掌，他不是把上诉法院看成是行政机构，而是把它们看成是抵抗国王的堡垒。这究竟是他对本阶级发出的特别呼吁呢，还是一种绝望的表示呢？各等级大会已经有一个多世纪不曾召开了，即使在召开的时候也是失败的。旧贵族变成了廷臣，他们都是些道德败坏的人，一个个“野心勃勃、游手好闲、卑鄙无耻、傲慢自大、不劳而获、厌恶真理、阿谀奉承、背信弃义、亵渎公职”。正如世人可以预料的，他们给其他人树立了一个很坏的榜样（《论法的精神》，Ⅲ.5）。为了使民众与国王之间有某种联系，应该保持他们的特权和财产，但是作为一个统治精英集团，他们显然不可救药。教会在原则上可以控制君主，但是由于教士们要仰仗国王而获得财产，所以他们其实完全依赖国王。对这些人不能抱任何期望（《论法的精神》，Ⅱ.4；《沉思录》，214）。谁该统治法国呢？谁来阻挡君主呢？

孟德斯鸠显然清楚地意识到了旧制度的弱点，并把这种软弱性归因于抑制力量的衰落。荣誉是君主宪法的力量原则，并且是军事贵族的精神实质。他们以战争为乐，他们不在乎为自己的君主献出生命，但是财产和特权对他们有更大的意义。个人野心和阶级意识推动着他们中的大多数人，正是这一点使君主政治得以良好地运转。教育使贵族们知道哪些东西是他们应得的，而非他人恩赐的。诚实对他们十分重要，因为它是有教养有勇气的标志，但是他们没有热爱真理的义务。为了防止廷臣们的奴颜婢膝和虚伪的客套，应该不惜一切代价培养贵族的自尊（《论法的精神》，Ⅳ.2）。廷臣们的客套不是真正的礼貌，客套纯粹是恭维别人说的话，而礼貌是抑制自己的邪恶使别人免受我们的坏动机伤害（《论法的精神》，XIX. 16）。法国的贵族已经失去了他们的独立政治意义，他们与教士一起和国王密切相关，以至于不得不与国王共沉浮。孟德斯鸠从未给商业资产阶级或第三等级的下层人士设想过政治未来，他根本没把目光转向他们。他害怕的是法国的绝对君权像西班牙那样蜕变成专制主义。他是在18世纪中叶写作的，因此这种担心是合理的，尽管我们知道事实并不是像他担心的那样。

尽管贵族的荣誉已经被破坏，尽管教士们成了国王的奴仆，但法律和政策仍然有力量使法国的君主政治避免西班牙式的毁灭。当权者仍然可以采取的一个积极步骤就是保持独立的司法机构，即上诉法院，这是孟德斯鸠极为关心的一个问题。《论法的精神》的中心论点就是，法院的独立比其他任何制度都更能将温和的政体与专制的政体区别开。在君主政治下，法院是反对暴政的重要屏障，正是因为这一点，君主及其顾问不能充当法官。理由是如果他们取代了司法人员，那么臣民的人身和财产就岌岌可危了。在处理刑事犯罪时，司法过程应该缓慢而复杂，从而为被告提供各种证明自己无罪的机会。与由一个法官或一些宫廷官员即时判决相比，这样做还可以更好地保障法律的稳定性（《论法的精神》，Ⅵ.1，5－6）。如果一个不协调的法律体系内发生混乱，总是可以通过及时的立法予以消除。但是，君主可以通过赦免以表现自己的仁慈，虽然赦免不符合共和正义的严格要求，但仍不失为表现君主之仁慈的合适做法，因为这里有一个人格的而非完全公共的最高统治者（《论法的精神》，Ⅰ.21）。在惩治犯罪时，要考虑到罪犯的社会地位，因为对某些等级的人来说，羞辱和不名誉就像罚款和监禁对其他等级一样严重。这些是君主宪法下的司法行为的最低标准，正像他在书的后半部分中表明的，这并不是他希望达到的最佳状态。

君主政治在它的司法程序上需要自我约束，在军事政策上更需要自我约束。孟德斯鸠关于外交事务的思想大多是由于憎恨路易十四及其政策而产生的。国王的帝国主义野心是荒唐的。总的来说，他是个无能之辈，被荣耀迷住了心窍，既不知道怎样发动战争，也不懂得如何结束战争（《沉思录》，1302）。君主国家应该避免征服，因为征战使国家贫穷并会用掠夺败坏首都（《论法的精神》，X.9）。世人只应该考虑防御性战争，所以在战略要地建筑堡垒可以提供最好的保护（《论法的精神》，Ⅸ.5－6）。无论在什么情况下，适中的疆土对君主政治来说都是最好的，否则，距离太远的贵族就要宣布自己独立于首都，并对远方的地区实行独裁统治，美洲的西班牙征服者的行为已经极好地证明了这一点（《论法的精神》，Ⅷ.17－18）。显然，无论是在君主国家还是在共和国家，军事政策都应当服从宪法并适合政治生存的需要，事实上它几乎从来不曾做到这一点。

对专制主义的恐惧，而不是对法国旧封建贵族的怀念，使孟德斯鸠把贵族荣誉的残余视为改革君主政治的基础。他关于法国早期历史的笔记对贵族的论述是特别不恭维的。他们既野蛮又迷信，从事无益的战争，并且压迫农民。只要国王不干预他们，他们并不关心国王是否也在做同样的事（《沉思录》，1184，1302）。但是，作为一种政府形式，君主政治需要有一个中间机构来压迫人民并约束君主，否则它必然迟早采取另外一种形式。孟德斯鸠的君主政治理论的核心是，当君主政治变成绝对的时候，它就成了不稳定的，无论在现代欧洲还是在罗马都是如此。除非它广泛分散它的权力，否则就无法维护它的宪法并且有可能转向共和或专制，专制的可能性更大一些。实行民主的条件已经不复存在，英国人在处死查理一世之后已经发现了这一点（《论法的精神》，Ⅷ.6－9）。在这个前提下，法国正摇摆在西班牙模式和英国模式之间，孟德斯鸠热切地希望法国不要步西班牙的后尘。

西班牙的君主政治当时正大步走向纯粹的专制主义。教士成了对国王的唯一约束，并且只是一道软弱的屏障（《论法的精神》，Ⅱ.4）。确实，它的不宽容使它自身具有了专制的品格，正如其他高压政权一样。西班牙的腐败开始于它的征服及其在美洲推行的残暴而愚蠢的灭绝政策。在墨西哥获得的政治态度被带回到了西班牙（《论法的精神》，Ⅷ.18）。所有这一切都是打着宗教的旗号开始并得到继续的（《论法的精神》，XV.4；《沉思录》，207，1268）。当教会的权力与君主的权力过分密切地结合在一起时，中间的权力就开始遭到削弱了。孟德斯鸠并不荒谬地认为西班牙的贵族丧失了他们的荣誉感，远非如此，但是他们的确让权力的天平偏向了国王。其结果是结构性的政治变化，而不是精神状态的变化。

对孟德斯鸠来说，专制主义并不是个新课题。作为一种政府形式的专制主义与乌兹别克对其后宫的统治完全一样。它是一个人拥有不受控制的权力，它的原则是恐怖。其他一切都由此得出。惩罚取代了教育，自保的本能使臣民们像动物一样服服帖帖（《论法的精神》，Ⅱ.5；Ⅲ.8－10；Ⅳ.3；Ⅴ.14－16；Ⅵ.9）。恐怖无疑是起作用的。财产没有保障，因为债权人无法讨债，人民普遍害怕得不敢提起诉讼并到法庭维护自己的权利（《论法的精神》，Ⅴ.1，13－15；Ⅵ.1－3）。在军事政策方面，专制君主只考虑他自己和他的首都，各个省区都成了战争的牺牲品。宗教的法律本可以缓和专制君主的统治，但事实上并不这样做（《论法的精神》，Ⅲ.10）。一般来说，宗教倾向于支持专制主义，因为对来世生活的信仰使人民相信宿命、消极被动并愿意忍受压迫（《论法的精神》，XXIV.11，14）。宗教的教义和实践还可以以有利于独裁者的方式使国家贫困。雄伟壮丽的崇拜对象既可使信仰者坚定其信仰，又可令他们爱那些使他们生活悲惨的人（《论法的精神》，XXV.2）。除此之外，强迫人民给教士送礼，以及教士的独身和懒惰，加剧了民众的贫困（《论法的精神》，XXIII.21，28）。孟德斯鸠对宗教的批判完全是政治性的，但针对的是信仰的内容而不仅仅是信仰的社会力量，因为他相信宗教极大地加剧了人类的恐惧和痛苦。

孟德斯鸠认为，恐惧是一种心理反应，当一个命令被从灵魂传递到身体的每一条纤维并造成麻痹效果时，一种“道德的”冲动便启动了这种反应。恐惧是不由自主的，它无处不在，以至于无法控制，尤其是，它是一种永恒的预知状态，而不是对危险的突然反应。正因如此，它是专制国家的突出特征（《沉思录》，1192）。在孟德斯鸠的学生饶科为《百科全书》撰写的“恐惧”条目中，这种恐惧被定义为一种激情，这种激情暴虐得使我们因为预知将来尤其是死后而无法享受现在。因此，对死亡的恐惧很容易被一种残酷的制度利用。在这里，我们的肉体冲动与道德冲动相遇并展开斗争，肉体的冲动取得胜利。恐惧四伏的专制主义有某种特别的物理性质，这种性质将它与孟德斯鸠列举的其他政府形式区别开。正因如此，孟德斯鸠在讨论专制主义时第一次提到了气候的强迫力量（《论法的精神》，V. 15）。专制主义如此难以改变，正是因为它的原则具有如此强烈的心理性。它会遇到继承危机和暴乱，但是不会发生真正的改变。它是死亡的社会等价物。这也是它可能发生在任何地方的原因，尽管孟德斯鸠认为它在亚洲最普遍。最后，为什么孟德斯鸠对专制主义如此入迷？拿破仑是他之后很久才出现的，以后的独裁者更是如此。暴政是个古老的概念，但是孟德斯鸠对它已经不感兴趣了，因为它是涉及个别的统治者。他感兴趣的是政治制度，而不仅仅是君主的个性，因为他明白整个旧制度都遇到了危机，不论坐在王座的人是好是坏。法国已经在结构上倾向专制主义了。

通过分析专制主义，孟德斯鸠对各种制度做了他最重要的划分，他把政治制度区分为有节制的和无节制的。他所说的政治节制是什么意思呢？显然，它不仅仅是贵族共和的原则。它也不仅仅是个人自由地或被迫抑制人人均有的专制冲动的能力。充分发展的节制是智慧的一种政治形式，是正确计算我们之行动最可能导致的社会后果并依据这种计算而行动的能力。但是政治权力会为人消除这些抑制提供各种各样的机会和诱惑，所以节制只能通过规则和约束得到逐渐的灌输。因此，节制是一种公共的美德，不是私人的美德。《论法的精神》收集了大量知识作出了大量诊断，目的不仅仅是激发节制的品格，还在于表明需要哪些东西来维持节制。从很多方面看，它是法国统治阶级可以采用的指南。没有靠制度实现的约束，不论这约束是正式的还是非正式的，节制的政治是不可思议的。最好的宪法是由相互交织又相互制约的利益和权力构成的体系，罗马共和国和现代英国的宪法就是这样的。这是“立法的杰作”（《论法的精神》，

V. 14；《沉思录》，892，918）。

在现代欧洲，只有一个政府以自由为其宪法和政策的目的，这就是英国。孟德斯鸠并不认为英国是与专制主义相对立的天堂。他没有把它变成乌托邦，但他所说的英国政府显然是现实政府的改进版。他所说的英国政府是英国可以成为并被希望成为的样子。宪法的自由意味着法治，意味着一个有限的政府，该政府的各个成员并不彼此隶属，意味着民众享有高度的人身安全。什么是自由？在孟德斯鸠看来，自由不是独立，独立仅仅是为所欲为，自由是使人感到他们的人身和财产有保障的状况（《论法的精神》，XI. 3）。如果恐惧是暴君之臣民的主要情绪，那么安全感就是自由民众的正常心态。自由的公众可以做法律允许的和他应该愿意做的，没有人能强迫他不做法律不禁止的。这是一种否定的自由，是一种不受干扰的自由。孟德斯鸠拒绝就自由意志问题进行形而上学玄想（《论法的精神》，XII. 2）。当他说自由是意愿一个人应该意愿的时，他的意思是一个人应该同意法律和习俗在一个自由社会中要求的东西，因为那是最高利益之所在。一个在自由国家中被公正地判处绞刑的人比土耳其的帕夏（Pasha，一种高级官衔）享有更多的自由（《论法的精神》，XII. 2）。自由不是幸福，但它是一切可能的快乐的必要前提（《沉思录》，1574）。这个自由概念没有任何无政府主义的含义。自由首先是政治安排的结果，这些政治安排保护民众不受其统治者的压迫，并保护统治者们免于彼此侵犯。孟德斯鸠从来没提到过权利（rights），无论是自然权利，还是人造权利，他只谈论对人身安全的深刻保障。他在笔记中把自由说成是一张好网，鱼在其中不感到受束缚（《沉思录》，943）。每个国家中都永远有规则和强制，但当它们的目的是自由而非压迫时，它们对社会成员的影响迥然不同。

自由的政府是极为复杂的政府，因为它不仅需要保护公民的法律，还需要保障统治者之广泛利益的宪法。英国是“身着君主国家之伪装的民主国家”，它的人民同意与君主和贵族共享权力，正像罗马平民一度允许元老院统治一样（《论法的精神》，Ⅺ.6，13）。它的原则是一种比荣誉更具有平等主义的东西，即世人广泛共享的政治雄心，这种原则与既牵涉民众又牵涉贵族的制度结构是完全一致的。下院代表人民，因为人民为数太多，无法直接聚会。孟德斯鸠认为代议制是仅次于最好的方式，它作为人民参与立法的方式并不具有内在的优越性。代议制的唯一长处是煽动家在议会中造成的危害比在公开集会上造成的危害小（《论法的精神》，XIX.27）。为了履行其根本职能，下院必须表达人民的“总意志”，只有那些由于太贫困而没有能力作出独立判断的人才不应当得到选举权。作为国家的镜子，下院的成员不是人民的领袖，也不是人民的委托人，他们是人民的喉舌。世袭贵族需要单独拥有一个立法院，因为如果不这样的话，那么多数人的投票将使他们无法继续存在下去，并且多数人会在不具备必要之美德的情况下不现实地尝试进行共和制的实验。但是，总的来说，孟德斯鸠不像惧怕专制主义那样害怕人民的骚乱，尽管他很清楚民众暴力的危险性。他也不认为内战是最大的灾难，一种盲目服从的状态比内战糟得多（《沉思录》，1252）。他用来衡量政治的稳定尺度是专制主义的危险，而不是不和谐的危险。因此，如果贵族有助于维持一个节制的政府，那么他们在一个自由政府中就是发挥政治功能的，君主也是这样。事实上上院可以制约下院的鲁莽冲动，国王的否决也可以达到相同的目的。君主可以迅速执行法律，并且可以在适当的时候召开或解散议会。他的大臣们应该是可以被检举的，但君主本人不能被弹劾。一定不可设常备军来引诱国王从事政治冒险，金钱的立法权力也可以限制政治冒险。这种宪法秩序的每个部分都不受其他部分控制，这就是孟德斯鸠所说的政治自由，它不同于个人自由。

孟德斯鸠宣称，这种美妙的制度起源于古代日耳曼，一篇生命力长久的神话也由此开始。像塔西陀的许多读者一样，尽管孟德斯鸠认为自由的部落成员拥有的奴隶太多，但他非常欣赏他们选举自己首领的场面。更为直接的是，这幅画面使孟德斯鸠可以相信欧洲的自由植根于一个共同的过去，而不仅仅是英国人的发明。尽管它的根源远而古老，但它是可以得到恢复的。但是，如果说英国的历史提供了希望的基础，那么它目前的进程并非毫无危险。国王用庇护和金钱引诱并败坏了下院。中产阶级仍然坚持自己的美德，但是选举已经臭名昭著地不诚实（《沉思录》，1960）。正因为孟德斯鸠想使英国宪法成为一个活的典型，所以他没把它描绘成一种理想状态，他只是说，相对于倾向专制的君主政治，英国的宪法是已知的最好的选择。最好的政府是适合某一个民族的政府，在欧洲，最好的政府意味着某种节制的政府，并意味着相当程度的自由。

为了获得真正的政治自由，最重要的制度是由公正、严守规则、可以预测的由法官执掌的司法系统。他们的判断必须具有三段论证明的严格性（《论法的精神》，Ⅵ.3；Ⅺ.6）。与洛克相比，孟德斯鸠更强调法院系统在保护自由方面承担的重任。他的著名分权理论可能有许多含义，其中一项就是法院应该绝对独立于其他政府机构。没有这一点，就不可能有自由。也正是在这一点上，他对英国宪法的民主化远远超过了它的实际。司法权对人类来说是十分可怕的，以至于世人必须以某种方式把它变成不可见的；原因是，对一个普通的公民来说，当他被指控犯了某种他或许犯或许未犯的罪行而站在法官面前时，他才会充分地感觉到国家的权力。正是在这里，他不仅会发现一切法律都是强制的、可怕的，还会发现他是否享有自由。在一种自由的宪法下，他应该只怕法官的职位，不管法官是谁。在由谁审判他这个问题上，他应该有某种选择，陪审团应该像在雅典那样通过抽签产生，以便保证它代表民意。最后，每个人都应该被与他地位相同的人审判。贵族应该由上院审判，上院也可以充当上诉法院。

孟德斯鸠被认为是最伟大的自由思想家之一，这种论断的基础不是他对英国宪法的广为人知的推崇，而是他关于刑法和惩罚的理论。根据这种学说，个人的自由在极大程度上取决于刑法的范围和刑法施予的惩罚的种类。这是一种关于恐惧的自由主义理论，它的努力目标是避免压迫，而不是维护从事政治活动或自我发展的权利，但是它为个人应享受广泛的自由而提出的论证是十分有说服力的。原因是，除了政府权力的分离和一种一般的安全感，孟德斯鸠的自由观显然还意味着更多的东西。实现自由的最重要条件就是只应该把少量不端行为定为刑事犯罪。我们可以放心地把宗教方面的过错交给上帝去纠正。后人将会认为欧洲人曾野蛮到焚烧犹太人是可怕的事。性怪癖至多是自我怠慢，公共法律不应当理会。因父母犯罪而惩治其子女的想法本身极为可恶而暴虐。不将宗教完全排除于政治尤其是排除于刑法之外，我们就根本不可能享有任何自由。可以监禁或流放破坏公众和平的人，但是只有一种犯罪是必须永远被惩罚的，这种犯罪就是对人身或私人财产采取暴力行动。语词不是行动，因此它们不可能是罪行，除非它们等同于行动性言论，例如在拥挤的市场上号召暴乱。我们邻居的危险思想也不是行动，不可能与法律有关。秘密指控在有道德的共和国中可以有一席之地，但在其他国家中则应把告密视为非法（《论法的精神》，Ⅵ.8）。此外，十分重要的是对各种罪行进行安全准确的界定，从而避免任意的判决。尤其是严重叛国罪，必须得到严肃认真的说明和十分严格的界定。如果不用这些方法限制刑法的应用，任何人都不可能有自由（《论法的精神》，Ⅻ.1–30）。

刑法的范围只是事情的一半。对一种自由主义理论来说，刑罚的严厉性是同样重要的。孟德斯鸠认为，过分严厉的惩罚既不可容忍，也毫无用处（《论法的精神》，Ⅵ.9－20）。独裁的政府也无法得到他们希望得到的全部结果。人民会在精神上和生理上变得坚强起来，并且不再对恐吓作出反应。至于肉刑，更是不可原谅的事。孟德斯鸠在波尔多当刑事法官的那些年中一定对许多人用过肉刑，他后来认为这种作法完全不合理性。他说，据他观察，被拉上拉肢刑架和被施予其他刑罚的，十分之九能挺过来。“如果有这么多无辜的人被迫忍受如此可怕的痛苦，这是何等残忍！如果有这么多的罪犯逃脱了死亡，那是何等不公！”（《沉思录》，643，1540）。死刑本身是病态社会的症兆，它是完全不必要的。“我们的祖先日耳曼人”不用死刑，他们只施以罚款，根本不动肉刑（《论法的精神》，Ⅵ.17；Ⅶ.4）。惩罚意图达到什么目的呢？世人认为它可以阻止潜在的犯罪行为，然而，对严酷肉刑的恐惧并不能像对社会耻辱的恐惧那样达到这个目的（《论法的精神》，Ⅵ.12）。正义应该表现为犯罪与惩罚相称，但是在衡量这二者的时候，必须时刻考虑到高压政府的危险。此外，保护无辜的人，重要性不亚于惩罚有罪的人。在极为紧急的情况下，政府可以短暂地囚禁嫌疑者，但这必须永远是个例外。孟德斯鸠对英国的剥夺公民权法案的感情是复杂的。有的时候，他认为这是对自由的必要侵犯并且从长远看能维护自由，但他在笔记中称它们是野蛮的和不可容忍的（《论法的精神》，XII.199；《沉思录》，1665）。

孟德斯鸠对犯罪和惩罚的思考贯穿着这样一条线：如何减轻普通公民心中的恐惧负担。残酷和恐惧对人的身体和心理破坏极大，它们使生活丧失了价值。它们使受害者软弱无力，正像乌兹别克使他备受折磨的妻子们变成了婴儿一样。节制的政府也许不能直接为我们的幸福作出贡献，没有恐惧也许并不能使我们道德高尚，但是，如果没有这二者，那么对这些美好事物的希望都将破灭。孟德斯鸠的自由主义的主要目的就是防止这种发生，他的刑法理论尤其是这样。这是一种缺乏乌托邦理想的自由主义，乌托邦理想与他的严格相对主义是不相容的。他在笔记中的确曾写下过一些关于最好国家的想法。这个国家的主要特点是财富和遗产平均分配，有个简单的司法程序，有五个法官，没有律师（《沉思录》，185）。这个简短概述最有启发意义的是，孟德斯鸠即使在幻想中也那样重视继承法和司法机关。这二者都与个人的自由和幸福有密切的关系，它们提醒我们，孟德斯鸠的思想中有不可磨灭的民主成分。

如果漏掉了税收，那么对政府必须施加于公民身上的约束的任何列举都是不完全的，孟德斯鸠没有忽略税收。即使在自由的国家中，我们也无法对自己的财产拥有完全的控制权，但是当我们必须与它分离时，政府应该给我们提供充分的理由。不应当剥夺人民的生活必需品去满足统治者幻想出来的要求，诸如荣耀、军备竞赛和不同凡响的计划，或者去为官员的贪婪和无能作代价。包税是压迫性的丑恶作法。最好的税收是销售税，商人简单地把这种税传递给顾客，顾客甚至不知道他们已经被征了税。总的来说，某些人的纳税不足不像每个人都纳税太多那样危险（《论法的精神》，XIII.1－20）。这很可能是一个种葡萄酿酒的人和地主发出的特殊呼吁。不过，这里主要说明的是，过分征税是一种奴役，与自由不相容，当一个民族愿意为保持自由而纳高税时，尤其如此。

《论法的精神》的第一部分随着关于税收的讨论而结束。第二部分讨论的是财富与贫穷的根源，首先是讨论政治发展的物理条件。孟德斯鸠已经建立了一种道德形态学，并且分析了政府如何向较好或较坏的方式转化，现在他转而讨论自然与历史对政治选择的限制。法律并不仅仅是立法者的意志问题，人民的精神也会影响法律的性质。文化和气候构成一个必然王国，世人必须适应它，但他们也可以理解它，并从而证明他们是有理性的。

第五章

《论法的精神》：必然与自由

《论法的精神》的第二部分讨论的是人的物理环境和获得的文化怎样塑造他们现实的和可能的法律。这是个必然性的领域，是决定我们的身体发育和情绪发展的气候的领域，是代代相传的强制性习惯和信念的领域。地理、历史和经济资源对每个社会都产生着无情的压力，由它们构成的事物之本然决定了一个民族可以享受多大程度的自由和财富。在孟德斯鸠看来，“物理原因和道德原因”的结合最后将赋予一个民族一种特点或“精神”，它将限制并构造该民族的政治可能性。虽然这些力量似乎没有为自觉的政治行动留下余地，但孟德斯鸠并不把它们视为桎梏。在他看来，物质世界是科学理解的首要对象。认识了物理的自然，就能够理智地控制它，至少能够自觉地服从它，不是作为牺牲品，而是作为行动者服从它。气候和可以归因于气候之效果的集体心理不是一种新的命运，正像引力定律不是一种新的命运一样。

理性的立法者必须以理解面临的环境为出发点。这些环境条件决定立法者的工作日程，他必须适应它们，但他也能够克服并反作用于既定的世界。科学的法学必须知道得更多：正如孟德斯鸠已经表明的那样，它必须理解立法者的品格。

显而易见，孟德斯鸠心中的科学，目的是阐明并鼓励他称之为政治节制或政治理性的那种实践理解，但他的科学模式似乎没有为这样的行为选择留下空间。他的气候理论看起来使人类的意志成为幻影。这种理论是一种“严格的”决定论，它使理解社会类型和诊断社会的功能失调显得很容易，但使改变社会显得很难。社会是由人对气候和地形的自动反应创造的自然的、可以预测的整体。人如何可能干涉它们既定的进程或有计划地改变它们呢？当然，主张气候、冷热、南北对健康和财富有深刻的影响并不是个新观念。在现代政治理论家中，柏丹已经主张气候对社会有重要的影响，但他仍然局限于占星学的玄想。许多严肃的游记文学冷静地讨论了这个问题，法国为了1697年的王位继承人做的一次官方调查也考虑到了地区气候对民众的影响。孟德斯鸠最感兴趣的是关于气候的医学文献。他特别欣赏希波克拉底的著作，希波克拉底从一开始思考医学问题就注意到空气对人类健康的影响（《观察与思考》，Ⅱ.1322）。孟德斯鸠时代最优秀的医生们赞成这种观点，尤其表现在他们对传染病的可能原因和传播的描述上。法国和英国的医学权威都相信引起并传播疾病的是空气中与人类的“动物体液”混合在一起的物质。孟德斯鸠本人也说过，死水塘能产生携带疾病的蒸汽，最后将改变附近地区的性质（《关于罗马之居民的思考》，《全集》I.910－912）。与孟德斯鸠同时代的美学家讨论了气候对人类感觉和审美趣味的多样性和变化的影响。不无重要的是，怀疑主义哲学家还用气候及其创造的不同精神状态来怀疑他们自己及他人的意见、知识和判断的可靠性。只有休谟认为气候与民族性格的形成毫无关系。

孟德斯鸠显然被医学著作家的唯物主义者吸引住了。他接受了他们的科学知识模型：如果你不能测量它，那么它就不存在。他认为，身体的纤维是热胀冷缩的。血液达到心脏的速度和从食物中吸收的汁液的数量完取决于纤维的组织，这些生理过程对我们的性格有直接影响。它们解释了南方人的懒散和北方人的勤劳。他通过显微镜观察到极度寒冷对羊舌头的影响，这个观察使他相信冰冻让它感觉迟钝。他由此推出的结论是，要使莫斯科人有所反应，必须鞭打他们。相比之下，南方人感觉得太多，他们的想象过于生动活跃。从这些观察，孟德斯鸠也立刻得出了立法者应该接受的教训。南方人比北方人更需要由良好的法律控制气候的影响（《论法的精神》，XIV. 3－5）。尽管政治行为面对这些显然具有压倒力量的物理力量并非毫无作用，孟德斯鸠的目的之一却无疑是要证明立法只有很狭隘的范围。例如，英国人并不像罗克欣那样因为绝望而自杀，他们也不像罗马人那样公开发表声明，他们自杀是由于纯粹因气候引起的周而复始的抑郁。在这里，气候作为一种使人衰弱的环境发挥作用，因为它是一种具有强制力量的必然性，它解释了我们无法不做的。面对某种如此紧急的事，唯一合适的公共反应是坚韧和宽容。这是相对主义和决定论的自由主义方面。它的笨拙方面是把不负责任和懒散合理化。相对主义在反对无视文化差异的政治与宗教偏执分子和传教士方面是有用的，但是它也可以被用来维护专制政府和残暴行为。孟德斯鸠认为，并非所有的气候都可以产生自由，这就像新鲜空气使习惯于沼泽的民族感到不适一样。对不习惯自由的人来说，自由是不可容忍的（《论法的精神》，XIX. 2）。在中国，法律、宗教、风俗、道德都与一套单一的礼仪体系联系在一起，要引进基督教或改变现行秩序是不可能的。传教士何必如此徒劳无益地干扰中国人的生活呢？（《论法的精神》，XIX.16－19）蒙特祖玛（Montezuma）难道不比西班牙人更清楚哪种宗教对墨西哥来说最好吗？（《论法的精神》，XXIV.24－25）在欧洲，天主教适合南方，但是新教在北方是自然的，北方的自由精神不能容忍君主式的教会（《论法的精神》，XXIV.5）。但是，如果说相对主义可以为宗教宽容作出很大贡献，那么它也可以为专制主义唱赞歌。孟德斯鸠并不怀疑中国是个专制国家，他也不怀疑大多数亚洲国家在物理原因的迫使下一直是完全不自由的（《论法的精神》，Ⅶ.21；ⅩⅦ.6）。仿佛是两个帝国统治了整个大陆。看起来自然与政府联合起来极为严格地统治着亚洲。中国的专制主义能对十分恶劣的自然环境作出有效的反应，我们甚至不能说它不合理。

孟德斯鸠的气候理论固有的矛盾在论奴役的章节中变得特别尖锐（《论法的精神》，XV－ⅩⅦ）。他丝毫不怀疑奴隶制是绝对邪恶的。它使奴隶卑微，使奴隶主堕落。由于没有自由，奴隶不可能在美德的动机推动下行事，另一方面，奴隶主的无限权力使他变得“凶猛鲁莽、严厉暴躁、骄奢淫逸、心狠手辣”（《论法的精神》，XV.1）。奴役在现代的节制政府中没有地位，因为共和国中不可能有如此严重的不平等，在君主国家中不可能有如此严重的对人类的贬抑。奴役与国际法也背道而驰，对战俘，可以解除他们的武装，并且在此后的紧急状态下囚禁他们。任何人都不能获得出卖自己的权利，因为不可能给生命定出一个价码。宗教绝对不能声称自己有权为了加速人的皈依而奴役他们，像那些“优秀的西班牙基督徒”在美洲做的那样。此外，不存在自然的奴隶，尽管亚里士多德认为有。是奴役使人变得愚蠢，而不是相反。孟德斯鸠把他最辛辣的讽刺和最黑的幽默留给了种族主义者对奴役的辩护。尽管他并不确定，但他还是抱有这样一个希望，即没有一种气候热得使人无法以某种方法诱使自由人去工作，从而使奴役在一切地方都成为不必要。他还有这样一个假设，由于在专制国家中没有人是自由的，所以在那里奴役也不那么令人不能容忍。最后，在无条件地谴责完奴役之后，孟德斯鸠接下来讨论了有效并安全地实行奴隶制的各种方式。当然，解释不等于原谅，但是，如果我们必须在英国允许自杀，那么，由于炎热的气候如此不可控制地推动着人的纤维和脾气，为什么不在亚洲允许奴役呢？当我们思考孟德斯鸠对“家庭奴役”或一夫多妻制的解释时，这个问题显得特别明白。一夫多妻制等于把妇女当奴隶并把她们关在后宫里（《论法的精神》，XVI. 1 – 10）。在气候炎热的国家中，姑娘成熟得早，在未获得任何常识前就嫁了人，因而很容易被她们年长的配偶控制。由于她们很快衰老下去又学不到任何东西，因而很容易被取而代之。在北方，妇女结婚较晚，这时她们已经知道怎样照看自己了。此外，北方的男人酗酒而妇女们头脑冷静，这使得她们可以控制其呆头呆脑的配偶。即使是想一想把她们关进后宫也是荒唐可笑的。但是，作为对气候的反应和普遍专制的社会的一个组成部分，“家庭的奴役”符合事物的本性。孟德斯鸠没有说一夫多妻是值得赞赏的制度。它对道德毫无益处，并且鼓励同性恋，但它是一个既定社会的必要组成部分，北方人不应予以干涉。一夫多妻制和一夫一妻制在各自的地区是同样合适的。他的教会批判家指责他为一夫多妻制辩护并像解剖家一样对待道德，也不完全是惊人之举。他回答说，他只是在描述，不是在判断，但这种答复是不诚实和含糊的。

孟德斯鸠的气候理论与《波斯人信札》的全部寓意和《论法的精神》一书中的政治判断（例如关于奴役的论断）隐含的普遍意义在道德上完全不一致。使他的社会比较成为可能的是“他们”（妇女、黑人、太监、外国人）至少与“我们”有完全相同的感觉。正因如此，我们应该认为人类是由感性存在而不是由理性存在构成的。

“一个人如何可能是个波斯人?”这个问题要么是侮辱人类之统一性的冒犯他人的地方主义，要么是否认人可以相互认同的怀疑主义唯我论。孟德斯鸠并不认为我们注定会像提那个问题的人一样，但是，由于他认为气候决定着我们的感觉方式，由此可以得出，正是在我们被认为彼此最相像的层面上，气候把我们分割开了。俄国人真的因为有被冰变厚的纤维而较少感到痛苦吗?他们真的因为与我们不同而值得同情吗?这个学说在政治上也是模糊不清的。如果气候、生存的需要、古老的习惯、风俗、信念塑造了中国人民及其统治者，使他们过着极为勤劳而组织严密的生活，那么就不能说这个国家是专制的和由恐惧统治的。由于公民知道他们必须这样生活并且显得不仅理性接受这种生活方式而且喜欢它，那么它就不是以人害怕征服者和任性的暴君的那种恐惧为基础的政权。恐惧像疼痛一样是一种普遍的生理现象，不是文化现象。如果中国人生活在恐惧中并被恐惧统治，那么他们的政府并不是孟德斯鸠讨论他们的气候及其影响时归给他们的那种受规则和习俗束缚的国家。最后，这种理论很难得到维护。为什么寒冷的俄国和瑞典不是自由的?孟德斯鸠能想出的最好答案是，俄国贵族可能变得不满足，瑞典的国王正暂时处于一种非正常状态

（《论法的精神》，XVII. 3）。他告诉我们，所有的岛都是自由的（《论法的精神》，XVIII. 5）。但他不得不承认日本并非如此。社会发展的生理学作为一门硬科学对孟德斯鸠充满了吸引力，但它在道德上前后不一，在政治上自相矛盾，在事实上是错误的。

虽然孟德斯鸠的气候理论有许多明显的困难，但他始终没有放弃它，他把这种理论纳入了一种更有弹性的文化理论。我们毕竟不是气温的奴隶。“人类受许多原因影响：气候、宗教、法律、政府命令、惯例、道德、风俗，它们形成一种一般的民族精神”（《论法的精神》，XIX. 4）。上述原因中，除了气候之外都是孟德斯鸠所谓的“道德原因”。社会是“精神的联合体”，每个社会都在许多世代中缓慢形成自己的性格。事实上，每个世纪都有它自己的精神。在哥特时代，盛行的是独立和无秩序精神。查理曼时代流行的是僧侣精神。然后出现了骑士精神，再往后，随着正规军的建立出现了征服精神。现在统治文明世界的是商业精神（《沉思录》，810）。由于罗盘的发明和后来的种种发现，“欧洲达到了历史上无与伦比的强大程度”（《论法的精神》，XXI. 21）。孟德斯鸠在这里从纯政治的角度定义了欧洲的集体精神。的确，孟德斯鸠认为他那个时代的民众精神是受统治人民的法庭和首都支配。“是巴黎造就了法国人。没有巴黎，法国的一些省份会比德国更像德国。”现代世界是一种文化，在这种文化中，最重要的是政治，而不是气候（《沉思录》，1581，1584）。英国是现代国家的楷模，在英国，法律间接地塑造人的行为。相反，在古马罗，统治人的是道德规范，只有当道德规范力不能及时才制定法律（《论法的精神》，XIX. 23 – 27）。这并不意味着进步，因为，法律被变得只适合管理公民的行为，道德规范被变得只适合处于内心生活状态下的人的行为，而风俗只能教导外在的行为（《论法的精神》，XIX. 16）。但是，孟德斯鸠在《论法的精神》中承认民众的精神有稳定的发展，这远远不像他的罗马史透露的那种本质上属于循环论的历史观那么悲观。人类已经经历了如下的发展阶段，最原始的阶段是游牧阶段，然后是定居的农业阶段，后来发现了金属，最后开始使用货币。最后这个阶段是决定性的道德时刻。手艺取代了暴力，不正义变得普遍了。不仅如此，不正义不仅被实施着，而且也被理解为错误行径，因此可以说这是道德的觉醒。只有社会的史前阶段是纯经济发展时期。道德原因起始于民法和政府。它们善恶参半，但这是文明、财富和理性法律的开始。因为它是智慧第一次战胜自然（《论法的精神》，XVIII. 8 – 17）。

“人类用自己的勤劳和良好法律的影响使地球变得更富足而适合人类的生存”（《论法的精神》，XVIII. 7）。关于需要的观念已经被改变了。需要曾经是衡量我们的生存必需品的静态尺度，现在已经变成了一个与欲望相对应的有弹性的概念，财富刺激欲望、想象预知欲望并促使我们去满足欲望。基本需要是不可能取消的，因此农业具有长久的重要性；在贫困而愚昧的过去，人必须为生活必需品艰苦努力，现在，这种痛苦已经不复存在。孟德斯鸠在一篇未发表的论文中像通常一样作了一些生理学的思辨来解释有智慧的人的上升。我们的经验愈少，纤维愈粗，我们的思想就愈粗糙和稀少。原始人的灵魂极少移动。思想的积累就像资本的积累一样，多亏感官的劳动，思想才得以发展。用物理方式和社会方式传递的财富和学问创造着民族精神，民族精神最初起源于气候，但现在不受气候束缚了。欧洲是学问长期发展的最后结果，它愈来愈受智慧的支配，并且受着对财富与知识之追求的驱使。

孟德斯鸠在何种程度上依赖古人对人体和政体的类比呢？一个民族的精神真的在某种程度上类似于一个人的精神吗？他似乎不大可能求助于这样一个前科学的传统概念。如果某种事物是国家的“灵魂”，那就是国家的原则，例如平等是“民主的灵魂”，但这只是一种修辞，他并不坚持原来的类比。他喜欢做但发现无法做成的事，是以某种方法表明个人的“机器”（他喜欢这样称呼）的构造和运动如何解释构成一个社会之本质的“精神统一体”的发展。社会是由相互关联的规范构成的系统，人能历史地理解这些规范并理解到这些规范的功能是维持社会整体。构成这一整体的个人的精神在这个构造中能发挥什么样的积极作用呢？孟德斯鸠发现很容易解释构成个人精神的一般要素，但他找不到一丝线索来解开这样一个谜：个人究竟是怎样学会规则的？或者说，多种多样的人性如何被聚集起来形成了一种同质的集体精神呢？后一个问题使他大伤脑筋，但他束手无策。

孟德斯鸠的最后一篇论文是为《百科全书》撰写的“论情趣”，他在这篇文章中说灵魂有两种激情，一种是内在于灵魂之中的，另一种是当我们的“生命精神”把身体感觉传给灵魂时通过身体获得的。在前一种激情中，最先产生的是好奇，对知识的欲望，因为灵魂的内在激情是能思考的存在的激情。由身体得到的情感被补充到灵魂已有的激情中，并被已有的激情改造，从而创造出一个“自然的”整体。也有一些情感来自我们生活的社会。个人的精神应该有合适的器官，这些器官是被称为才能、情趣、智慧或完成社会赋予的任务的能力或技巧所必需的。精神是从社会获得的有适应性的特点。相对于社会的，是个人的精神，而不是个人的灵魂。满足精神需要的是习得的能力，但是社会的信号如何通过纤维传递上来却完全模糊不清。孟德斯鸠似乎意识到了他的困难，因为他在写这部书时花了大量精力研究学习的机制。他以“可能影响人的心灵与性格的原因”为标题写下的几篇笔记表明，他曾在这个问题上下过很大的工夫。这些笔记是随手写下来的，它们只能反映一颗迷惘的心。他像通常一样细致入微地描述了影响个人品性的物理原因，这些原因被十分机械地说成是由体液送给灵魂并从灵魂送出的消息。“灵魂在我们身体中就像一只蜘蛛在它的网中一样。蜘蛛每一移动都必将牵动伸向一定距离之外的网丝，同样，每次触动网丝就必定牵动蜘蛛。”由于我们每个人都有不同的纤维并且接受到不同的感觉，所以个人的身体与性格有巨大的差异。塑造我们的道德原因或教育也不同，孟德斯鸠对它们的论述简略而含糊。他无法完成论文的这个部分，甚至不能把他关于道德因果性的笔记组织起来。他的总的想法是，我们各自接受的教育就是我们的社会经验的总和。这些经验中有一些是被同一社会集团的成员共享的，但这并不能改变个人的独特性。按照这种解释，孟德斯鸠所谓的民族精神只能是共同经验的总和。这些共同的经验使得在其他方面千差万别的个人在行动上具有了或多或少精神的统计意义上的一贯性。因此，民族精神既不同于个人的灵魂，也不同于个人的精神，因为它不是一种主动的社会力量，而是一种反应性的社会力量。同一文化的成员分享同样的经验，这一事实能较好地解释他们之间的相似性，但不能很好地解释他们与其他民族的差异。它与作为我们个人灵魂的蜘蛛毫无相似之处。孟德斯鸠没有提出一种前后一贯的心理发展理论或教育理论，因而他无法解释同一个社会的个别成员之间的巨大差异如何能与关于可辨识的、单一的、有政治意义的集体精神的概念取得一致。

孟德斯鸠经常把统计上的规则性与因果性混为一谈，这是一种常见的错误。在他关于罗马人的著作中，他把罗马人的军人精神看成是他们的政治发展的一般的、长远而深刻的限制性原因。《论法的精神》保留了这个想法，但是对民族精神之生理原因的强调使这种解释减少了可信度。事实上，提出民族精神这一概念的目的已经改变了。它的目的不再是为了解释社会规则，而是为了划出立法的实际界限。重要的不再是民族精神直接为法律的制订作贡献，而是民族精神标志着法律的可能有效性。触犯民众态度的政府将自取灭亡，英国的查理一世被推翻，就是因为他每做一件事都必定触犯民众的精神（《全集》，Ⅱ.545－546）。面对民众精神的原始力量，政治家中最聪明的马基雅维利式阴谋家也无能为力。这种时代精神并不相当于个人的智慧，它表达的是立法不能忽略的旧习惯和旧反应。它就像是一个自然的事实，聪明的立法者必须充分理解它。如果说，孟德斯鸠的政治社会学认为有某种事物在社会中扮演着人类理性的角色，那么它就是法律本身。“就法律统治着地球上的一切人而言，一般意义上的法律就是人类的理性，每个国家的政治法和民法都只应该是这个人类理性被运用的特例”（《论法的精神》，I.3）。不仅如此，除了最原始的社会，一切社会中由统治者制定的法律都比其他任何事物更能决定民族的精神。正因如此，孟德斯鸠在抗议他的教会批评者时说，他的著作证明道德原因永远会战胜物理原因，他还祝贺大卫、休谟作过相同的诊断。

法律对决定人类行为的其他要素的胜利还使得孟德斯鸠可以证明政治道德与个人道德是完全不同的。现代的政府尤其不必强迫它们的公民遵守道德规范，或者在道德问题上限制公民的自由，因为政治的稳定性不取决于道德。英国社会向孟德斯鸠证明坏人可以成为优秀的现代公民，这是一个有力的自由主义的也是反教权主义的论点。英国的法律并不教导人过有德行的生活，而是培养他们的自由和政治雄心，这二者使他们那令人羡慕的政治制度具有了活力，这种制度在国内纪律方面要求甚少（《论法的精神》，XIX. 26）。由于他们可以自由地说出法律不明确禁止的一切，在一个自由的国家里，只要人民坚持自己的权力，那么他们是否善于推理并不重要，所以，每一种激情都是公开表现出来的。这一点正如宗教派别的多样性一样完全有效用，经常而且公开的利益冲突也完全有效用。只有财富和政治成就才能使这些人心服，如果他们不快乐，其部分原因是气候。他们的粗野举止和普遍恶劣的社会品格并不会助长幸福，只有利于自由的制度。法治和党派斗争在政治上教导人民要坚持自己的权利、要会经商、要自由，在发生危机时要爱国。法律足够引导他们，不需要受富有教育意义的东西。

孟德斯鸠认为，把法律与道德分开是一条普遍适用的原则，并不仅限于现代的英国。例如，中国的社会风俗与我们心目中的道德相距甚远。中国人不得不特别节俭，以至于他们为了生存成了可怕的骗子。西班牙人虔诚、傲慢，他们鄙视劳动，结果是骄傲地过着贫穷的生活。聪明的立法者应该知道怎样为了较好的目的去刺激他们的虚荣心。这一切都证明并非所有的道德恶行都是政治恶行，也证明并非所有的政治恶行都不道德（《论法的精神》，XIX. 9 – 11）。对政权的稳定性来说，唯一重要的是民族精神不与政府的原则发生冲突（《论法的精神》，V. I；XIX. 5）。因此，政治利益服从商业利益是国策，因为世人普遍更喜欢财富，而不是更喜欢军事上的荣耀。事实上，英国人确实知道怎样理解宗教、商业和自由。他们毫不在乎宗教，只对商业感兴趣，为了自由不惜牺牲一切（《论法的精神》，XX. 7）。在现代国家中，维护政权的原则是商业和政治上自私自利，而不是古典的美德或基督教的道德。由于法律不触及人的内心生活，所以它能保证个人享有一个自由的空间，习俗则做不到这一点（《论法的精神》，XIX. 14 – 16）。法律可能有令人遗憾的道德局限。法律为了照顾公益可能不得不侵犯个人的价值观，比如继承法有时就必须这样做（《论法的精神》，XVII. 1）。这是很不幸的，它再次说明我们只应该制定必要的法律。但是，对自由的人来说，被法律统治是一大优势，因为只有明显的行为才受法律控制。孟德斯鸠并不期待每个现代社会中都出现合理的或自由的秩序，他也不指望在任何地方看到十全十美的秩序。“过分的理性并不总是令人向往的。……一般来说，人类更适合中庸，而不是适合极端”（《论法的精神》，XI. 6）。

民众的文化设置了界线，政府要迈过这些界线就要冒风险。如果一个人完全理解一个民族的精神，那么他就可能实行温和的政策，而不是推行冒险政策。有计划的变化仍可能造成很大的伤害（《论法的精神》，XXIX. 18）。我们只要回忆一下君士坦丁皇帝引入的变化就可以理解这一点。改革也可能是十分任性的。孟德斯鸠认为，许多影响一个民族之风俗习惯的政策是粗暴的和自取失败的。他认为社会变革不是民众压力或抗议的结果，而是由政府执行的革新。法律是变化的动力，它表达着立法者的偏好与目标。社会刚刚诞生时，立法者制造了制度，即使是在制度终于制造统治者时，立法者仍然总是有机会制定法律，特别是在欧洲。但是，立法者与被立法者之间总有矛盾。“法律是被制定的，风俗是被激发的”（《论法的精神》，XIX. 12）。聪明的立法可以改变风俗，甚至能改变更深层的习惯，但聪明的立法既困难又罕见。因此，聪明的政府（或者按照孟德斯鸠的说法，节制的政府）的首要任务是要考虑到文化。

政治文化是个对政策制定者十分有用的概念，尽管它的科学地位并不高。孟德斯鸠使用这个概念来提醒人应该谨慎，不过他也提到过几个审慎立法的例子，它们被证明是有益的和持久的（《论法的精神》，XXVIII. 29，45）。他始终认为统治集团与民族精神之间有一道巨大的鸿沟。他的建议完全是为那些多少自觉地向民众发号施令的人提出的。这使他的政治文化理论发生了一定的混乱。因为它实际上把统治者放在了民族精神的范围之外。统治者的精神状态，政府的原则显然不是民族精神的组成部分。明智的立法者的职责就是注意不要让这两个规范性的命令发生冲突。

孟德斯鸠最后使自己的理论变得过分单调也过分依赖生理学，这使他无法理解同一社会之内的文化多样性。社会有个一般的精神，但统治者和立法者莫名其妙地处于它之外并位于它之上。理性和科学当然也是这样。这个明显的混乱中有很大的希望。当然还有一个现实，那就是在君主国家中统治者与人民之间的距离的确十分巨大。

孟德斯鸠认为，在现代国家面临的各个立法领域中，最重要的领域是商业活动。他知道，国家的财富取决于农业、制造业和贸易。自然资源是重要的，但是法律尤其是继承法和土地所有法一向对一个民族的富裕有更为深刻的影响（《论法的精神》，XVIII. 1－8）。商业也必须得到治理，或者说，必须约束商人只做有利于商业发展的事（《论法的精神》，XX. 12）。一般来说，不应当损害国家之间的商品流通，只有在极端的情况下才应当加关税。孟德斯鸠对商业的欣赏最清楚地表现出他是波尔多市民。从来没有一个地主贵族如此热情地为商业唱颂歌。商业可能会妨害最高的柏拉图式美德，但这只是一个很小的代价，因为它可以医治欧洲最坏的恶行，即野蛮和马基雅维利主义（《论法的精神》，XX. 1－2）。孟德斯鸠不仅没有贵族对商业的憎恶，他还反对基督教对追求收入的指责和亚里士多德对高利贷的苛评。商业是自由国家的目标，征服则是专制国家和所有欧洲大陆君主国家的目标。每一个人都可以在贫穷、高压的西班牙和遭到严重破坏的西属美洲看到扩张战争的代价。这是与自由的商业社会相对立的反英国的政治极端。商业意味着国际和平。它是可以想象的最好的政策。

商业的政治益处在商业的道德益处面前会黯然失色。商业不仅促进和平，而且减少偏见，美化人的言行并伸张正义。在许多世纪的野蛮之后，商业给欧洲带来了繁荣、正直和学术。这在很大程度上要归功于犹太人，只有他们在那些惨淡的世纪中保持了商业精神（《论法的精神》，XXI. 19－20）。宽容是一项好交易。被驱逐的胡格诺教徒给新教国家带去了繁荣，受损失的则是法国。商业决不令人败坏，它甚至可以促进公共的美德，诸如“勤劳节俭、中庸节制、吃苦耐劳、审慎小心、宁静安详、秩序规则”（《论法的精神》，V. 6）。民主共和国特别需要这些性质，但任何社会都可以利用它们。即使商业有什么缺点，那也是风俗范围内的事。例如，荷兰人如果得不到钱财决不会为你做任何事。商人之间并不盛行礼貌。商业的贪婪当然有道德限度，不应该勒索利益，欧洲人用假货换取非洲人的贵重金属是不对的（《论法的精神》，XXI. 2）。

由于稳定和分权在政治中十分重要，政府应该规定哪些人可以参加商业活动，哪些人不可以参加。在君主国家中，贵族不应该经商，国王也不应该经商，因为他们会利用手中的权力制造垄断，这样做不仅会破坏权力的平衡，还会使普通人不敢进入这个领域（《论法的精神》，XX. 19－22）。贵族共和国的统治者也不应该涉足贸易，因为那样做会造成太多的不平等并破坏他们的节制（《论法的精神》，V. 8）。专制主义对商业来说太不保险。最好的商业政府看来是某种形式的民主。在孟德斯鸠看来，商业与自由密不可分乃是显而易见的。这并不意味着政府应该消极无为。孟德斯鸠认为政府有责任防止极端的贫困。更为明确地说，恰当地提供货币对刺激经济的发展极为重要。应该不惜一切代价避免西班牙式通货膨胀的灾难。最理想的状态是货币的价值和数量与商品的价值和数量完全均衡。在这种情况下，双方可以准确地彼此代表，货币可以毫无纰漏地充当交换的中介。这应当成为政府的奋斗目标。在这种情况下，物价将是稳定的，整个流通领域和经济领域中买方和卖方、借债人与债权人之间将有百分之百的信任。投资和消费都将很高（《论法的精神》，XXI. 21 – 23；XXII. 3 – 10）。在君主国家中，短期内获得的奢侈品贸易是最好的，因为它们需要适中的银行服务。在君主国家中，银行家是危险的，因为他们能操纵王室的财政并从而操纵君主（《论法的精神》，XX. 10）。共和国可以更稳步地从事大规模的长期的事业，因为银行对它们不构成威胁。在任何时候，利率都应由对货币的需求决定，政府只应在防止利率过高方面发挥作用。一般来说，应当允许对流动性的需要去决定利率。最后，不应该有公债，如果公债不能避免，那么应该偿还。像孟德斯鸠的大多数建议一样，这条建议的目的是不让政府在某个特殊的方向上改变经济和社会力量。

经济政策在很大程度上是现代的知识问题。甚至罗马人对商业也一窍不通，毫不关心。经济政策看来是社会科学与政治权威相汇合的地方。这无疑是它对孟德斯鸠产生的魅力之一，因为《论法的精神》是对知识的礼赞。我们需要的科学有助于我们设计我们的环境，因为改变环境比直接控制我们的欲望容易。我们的激情固定不变，但我们能用来满足这些激情的方式是可变的。立法科学至少在原则上可以通过以某些方式制定规则而使我们不像通常那样痛苦和压抑。一切法律都表现出一种有目的的意志，那就是法律的精神。法律不仅仅是对人类无法控制的环境的反应。如果我们知道法律在不同的政治制度下、在不同的时间、在不同的历史环境和物理环境中能够是什么和必须是什么，那么我们的知识就足以防止政治的分裂和专制主义。即使在没有文字的过去，法律也不是臆想的或偶然的，它们是在变化不定的束缚下生存这一政治意志的必然表现。

孟德斯鸠在《论法的精神》的开头就指出，必须把法律看成是“相对的”，它相对于冷和热、地域的质量和范围、获得生存用品的方式、宗教、宪法能够容许的自由度以及民族的人数、倾向、财富和风俗习惯。法律之间是相互关联的，它们与其起源、立法者的目的以及它们涉及的事情也是相关的。研究法律时必须研究它们的所有这些方面。他是这样想的，也是这样做的。按照他的研究，欧洲有能力实现自由与繁荣，但是没有任何事物可以保障实现它的可能性。孟德斯鸠坚信知识具有疗救力量。正因如此，他最完美地代表了启蒙运动的希望，尽管他十分谨慎并不乏忧虑。他完全相信科学知识的道德尊严和政治尊严，相信它能改善我们的生活。他的巨著的开头是他的一个宣言，他是这样说的，“如果他能够治愈人类的偏见”，那么他将是最幸福的人。他解释说，他所说的偏见不是指令人对某些事物无知的东西，而是指“使人对自己无知的东西”。他没有发现疗救的办法，但他确实指出了使我们无法为自己的利益下判断并采取行动的主要政治疾病。对政治错误的科学研究决非徒劳无益，因为它确实为立宪政府和个人自由提供了稳固的理智基础。

第六章

宪法之父

由选举产生的人民代表精心制定、确立人民的基本政治制度并保护个人之权利的成文宪法是现代美国人的发明。孟德斯鸠可能知道有人曾努力为内战时期的英国写一部宪法，并且提到过威廉·潘恩等现代大法学家，但他对宪法规约一无所知，假如有人告诉他说这些规约很快就将成为长期有效的基本法，他很可能会感到吃惊。假如他知道他对1787年制定美国宪法的那些人的思想发展作出了巨大贡献，假如他知道宪法被接受前参加论战的各方都以他为权威，他可能会大吃一惊。两年后，随着法国各等级大会的召开，出版了许多小册子，孟德斯鸠成了被引证最多的作家。不过，从一开始就有许多法国人不同意他的观点，随着冲突的日益激化，对革命的一代来说，他失去了重要性。

孟德斯鸠能成为两个大陆的神使，是因为《论法的精神》充当了传统立宪政府观和现代立宪政府观之间的桥梁。当孟德斯鸠谈到君主国家的基本法时，他指的是王位继承的规则和贵族以及其他社团对君主权力的习惯性限制，尤其是有关他们的财产和地位方面的限制。这些法律取法于中间的权力，孟德斯鸠认为这种权力是现代君主国家必需的。如果我们像革命后的美国人那样用许多政治观点各异的力量集团取代世袭的社会阶层，那么它们对现代宪法制度的重要性便不言而喻。有些基本法可能已经写成文了，另一些还是约定，但是没有一条基本法是系统地有计划地制定的。孟德斯鸠在论及英国时，谈的还是不成文的宪法，尽管这宪法的目标是现代的。他指出，这宪法的法律目标是一个全民的而非有限的代议制政府，该政府通过司法实现个人的自由，用我们的话来说，它是一个实行法治的政府。它实际上是一种新秩序，既不是古典的共和国，也不是封建的君主政治。它是一个现代的立宪国家。孟德斯鸠在如此简洁地解释英国宪法的同时实际上等于写出了它，布莱克斯通（Blackstone）对它的抄袭则使它具有了半官方的性质，在美洲殖民地尤其如此。他们使英国宪法变得如此明确，这相当于为遥远的一个大陆上的宪法制定者写出了第一稿。

孟德斯鸠不仅从中世纪的立宪主义进到了现代的立

宪主义，他还把古典的混合宪法观念变成了更有适应性的分权理论。他通过比较罗马的和英国的政治制度解释了这两种自由政府的区别，并说明了为什么后者更稳定。混合的宪法允许罗马的执政官也允许罗马的民众参与政府的全部运作，而且赋予被选出的法官很大权力。每个阶级、政府的每个部门都可以否决或制约其他阶级或部门，所以每个阶级或部分都只在它的界限内才可以自由行动。此外，君主政治、贵族政治和民主政治的长处都得到了保存，它们的弱点则得到了克服。特使、继承的权力、全民的爱国主义仍然存在，但是不走极端。因此，不仅有一个权力的混合，还有一个权力的均衡。这意味着统治的自由，但不意味着个人的自由。功能没有专业化，国家的每个部门都有司法权，这意味着有一个政治司法机构，而这在孟德斯鸠看来是个严重的缺陷。英国有两个议院并有国王，它们可以相互否决，从很多方面看它是一种混合的宪法。但是英国的目的不同于罗马的目的，它的目的是个人的自由，所以分权是英国宪法的基石。这意味着有一个绝对独立的司法机构。此外，分工也有助于达到更好的平衡。议会制定法律，国王执行议会的法律，司法机关则把法律应用到个别的案件上。被分开的人员不仅彼此制约；他们的职能也得到了专门化。代议制是另一个值得欢迎的革新，不过，实行分权而不是将不同等级混合起来的立宪政府的明显长处在于它更符合封建后的政治现实并且完全适合相对来说没有阶级区别的美国人。孟德斯鸠的学说是为美国人创立的，也得到了美国人的欣赏。

孟德斯鸠对他的法国读者的影响从一开始就受到他们对共同的历史之观点的制约。他的美洲读者则普遍不关心过去的事，尤其是不关心欧洲大陆的过去。他们让自己的英雄脱离了他的社会背景，并把他看成是他那个时代最优秀的政治科学家，这可能是孟德斯鸠自己的理想。他们没有歪曲他的意思，并且给我们留下了对他的巨著的最重要的一种理解。孟德斯鸠在 1787 年和 1789 年的那些人心目中的声望是他的思想生涯的终结，它不仅可以向我们揭示那些人的精神状态，也有助于我们理解他的最有名的著作的意义。

孟德斯鸠死后的声誉是怎样提高的呢？除了少数私人通信，孟德斯鸠一般不答复世人对他的批评和非教会人士作的评论。只有休谟因为称赞孟德斯鸠并纠正了几个事实方面的小错误而得到了后者的热情感谢。其他文人都被忽略了，这也许是因为孟德斯鸠不认为自己是他们中的一员。伏尔泰曾屡次批评《论法的精神》，但未得到任何答复。孟德斯鸠评论说，诗人除了自己的作品，什么也不懂，一句话就把伏尔泰的批评抛到了一边。从回顾的眼光看，我们希望孟德斯鸠比较认真地对待伏尔泰的反驳，因为这些反驳是个开端，沿着这个开端经过稍有曲折的不间断的发展线索，最后出现了法国大革命时期对孟德斯鸠的批判。伏尔泰并不吝于颂扬孟德斯鸠，并且勇敢高尚地维护他，反击正统派的进攻，但他也花了不少时间吹毛求疵。与其说这是由于妒忌，不如说是出于忧虑。不苦恼的怀疑主义不是伏尔泰的风格。他机智地写道，这是一个“作为法学家的蒙田”，但他以此证明《论法的精神》前后不一贯，这就有点奇怪了，因为蒙田的《随笔》无疑展示了一个十分缜密的头脑。不管怎么说，伏尔泰确实发现了许多事实上的错误，并发现此书总体上十分混乱，以至于他称之为“一个没有线索的迷宫”。他立即就认识到孟德斯鸠的气候理论是荒谬的，寒冷对羊舌头的影响不能证明任何。宗教和政府，尤其是当它们一起工作时，最能解释各民族的特点并能解释大多数社会变革。宗教信仰与空气没有任何关系，尽管以饮食禁忌方式出现的宗教仪式可能与空气有关。中国根本不是个专制国家，而是一种理性的绝对君权国家。专制主义实际上不是一种政府形式，它只是政府的一种倾向。虽然伏尔泰也很欣赏英国，但他从来不信英国的自由起因于原始日耳曼的习惯。当伏尔泰的年轻朋友爱尔维修（Helvetius）批评孟德斯鸠不能超越他自己的阶级时，他只是重复了伏尔泰的意见。孟德斯鸠保留了太多的封建性，看不到特权等级的压迫职能。人类需要的是一个为了人民的利益而直接作用于人民的简单的政府。实际上，只存在两种政府，一种是好的，一种是坏的。爱尔维修不再把英国视为楷模，他一度与卢梭达成一致的见解。根据《社会契约论》的观点，代议制仅仅是自治的影子，而不是它的实质。我们可以让边沁来画点睛之笔。孟德斯鸠根本不明白，封建主义不是一株“华美的橡树”，它是一株“必死的树”。

自18世纪后半叶开始，法国的自由主义者不仅憎恨教会和君主政治，而且憎恨整个社会秩序，这就使孟德斯鸠与他的思想继承者之间出现了隔阂。此外，卢梭已经提出了一个极为重要而又十分困难的思想问题。卢梭很敬仰孟德斯鸠并从他那里学到了不少东西，但他不满意孟德斯鸠只谈占统治地位的事物，不谈应该怎么样。这是个针对“实证主义”的长期有效的责难。仅仅展示社会现象而不隐含或明确地指出它的缺陷和改进它们的方法就是宽容现状甚至使现状看起来不可避免和不可超越。考虑到孟德斯鸠对他那个时代和他的地区之教会与国家的论述，这样看待他并不完全公平。不过，他关于气候和亚洲专制主义的理论的确是宿命主义的，比起他那些较多乌托邦倾向的批评家来说，他对可能之界限的感觉也是严格的。并不是他的义愤力量不及卢梭，他只是在不同的场合表现他的义愤，因为他关心的主要是自由，而不是平等。此外，他与卢梭还有一点区别，那就是他相信科学知识具有绝对的道德价值。这无疑是年轻一代反对其导师的根本原因。

革命前出现的这些评论，主要起因于孟德斯鸠参加了已经热烈进行了相当长时间的关于法国君主制之起源的论战。法国的这场论战相当于约翰·波科克（John Pocock）已经向我们阐明的英国人关于“古代宪法和封建法律”的讨论。争论的实际焦点是，法国的君主制是一直主张绝对君权，还是国王窃取了旧贵族的权力。“贵族论点”的维护者是与孟德斯鸠同时代但较他年长的熟人波兰维耶伯爵（Count de Boulainvilliers）。波兰维耶根据大量文献指出，法兰克人入侵高卢时，征服了本地人和居住在那里的罗马人，并按照征服法统治他们。他们的国王克罗维（Clovis）仅仅是一个选举产生的军事首领，因为法兰克武士之间是完全平等的。但是国王们逐步蚕食了他们的法兰克同伴的权力，尽管他们仍然是以纯粹血统为标志的同一群人。他的结论是贵族应该在治理法国方面发挥更重大的作用，就像他们在中世纪末期仍然做的那样。孟德斯鸠把这种游移到遥远过去的作法称为“反对第三等级的阴谋”。

法衣贵族不喜欢波兰维耶的历史，因为它把他们的地位贬低为非法兰克的普通农奴。他们对法国宪法史的描述要温和得多。在一个时期里，他们认为法国的政府曾是一个混合的制度，他们在其中确实没有立法权，但可以否决王室的法案。他们认为自己是古代日耳曼人议会的继承人，但他们的基本态度是完全亲君主的，尽管他们仍然可以而且确实向王室的法案提出无用的抗议。孟德斯鸠关于中间权力的理论自然是令他们喜欢的，他们在小册子中利用孟德斯鸠的理论，虽然政府禁止他们在决定或通报中引用孟德斯鸠的言论。

与这些人对立的是伏尔泰的朋友杜波神父（Abbé Dubos）。他是“王室论点”的典型代表。根据他的历史，高卢从来不曾被征服。克罗维是作为罗马皇帝的盟友和代理人进入高卢并实行统治的。因此，他与他的继承人的权力与他本来代表的罗马统治者的权力一样是绝对的。不幸的是，查理曼的不肖子孙们挥霍了他们的权力，贵族们在由此产生的无政府状态中窃取了国王的权力，幸好现在国王的权力得到了恢复。孟德斯鸠说这种论点是“反对贵族的阴谋”。事实上不仅如此。伏尔泰和多数批评孟德斯鸠的人认为法国的真正改革只能来自国王。只有国王才能建立一个这样的政府，它将废除世袭的特权，并按照各地选出的议会的建议治理国家。这个政府将实行王室民主（royal democracy）。此外，重农主义者认为经济是一个自然的、自给自足的体系，它只需要一个很小的政府，这政府最好实行“法律专制主义”。对这些改革者来说，过去不那么重要，但他们有百分之百的理由喜欢杜波的宪法理论，而不喜欢波兰维耶的理论。

孟德斯鸠在《论法的精神》的最后几章（XXVII－XXXI）中试图超越这种党派性太强的历史写法，澄清事情的真相。由于他不相信征服会赋予胜利者绝对的权利（波兰维耶和杜波都认为他们各自拥护的人具有这种权利），所以他原则上就置身于他们的论证架构之外。正像他十分明确地指出的，他的目的是说明应该怎样对待法律的历史。他在这部著作中始终要予以说明的是，有关财产与权力继承的法律在任何社会中都极为重要。因此，他在这里一开始就着手叙述奥古斯都对罗马继承法的改革。然后他论证说法兰克人确实征服了高卢。但法兰克人并未毁灭他们在高卢发现的那个罗马与高卢社会，而是成了这个社会的一个组成部分。结果之一是采邑很早便按照现行的地方法律成了世袭的，王权也成了世袭的，尽管方式不同。到了卡皮庭王朝（Capetian monarchy）时，国王就成了最大的地主和世袭的统治者。孟德斯鸠在这里描述的是封建君主政治，在那里，权力、财产和地位都是世袭的，通常由长子继承。如果他从中得出了什么道德教训，那就是把民法和政治法结合起来是一种危险的政治实践，而这种结合正是封建主义的中心特征。

在孟德斯鸠这里，说英国的自由起源于日耳曼森林并不等于把两个相距遥远的时代混为一谈。孟德斯鸠认为，法兰克人的自由是原始游牧民族的自由，他们的聚会适合那个社会发展阶段。具有代议制度的英国人距他们的条顿祖先已经相当遥远，但他们保留了祖先的某些精神。现代的法国贵族不是法兰克人的直接后嗣，孟德斯鸠认为他们的价值仅在于他们作为君主国家的中间权力在功能上是必需的。如果没有他们，抑制君主的基本法就将失去作用。他有一种暗示：在英国这样的现代国家中，不同政治利益和宗教教派之间的冲突可以对政府的过分权利起到相同的限制作用。当然，作为历史，这更接近波兰维耶的历史，而不是杜波的历史，并且它表现了对过去的强烈兴趣。孟德斯鸠的许多同时代人认为他的眼光转向了错误的方向。他为什么费心去研究采邑呢？爱尔维修认为如此沉浸于本质上邪恶的过去是不可理解的，并且在某种意义上是不道德的。一个人如此关心私法与公法的转变，这在政治上是异常的。伏尔泰的继承人已经发现了未来，从那个观点看，孟德斯鸠乃是很快就被称为反动分子那种人。

法国大革命爆发的时候，关于旧宪法的争论显然仍在进行。与比较成功的美国人不同，法国人无法一劳永逸地摆脱国王和贵族，他们不得不设法把他们排除在国家的政府之外。在废除三个等级并以全民议会取而代之的斗争中，整个旧制度都受到了审判。在一本题为《什么是第三等级》的轰动一时的小册子中，西耶牧师宣称自己极为高兴地得知贵族是外国侵略者而不是法国民族的一部分，现在是他们卷包滚蛋的时候了。第三等级就是一切，它不会模仿英国。政府将代表单一的全民意志，保障自由的将是政府的法律，而不是中间的有特权的和分裂的权力。西耶和他的许多追随者认为孟德斯鸠太封建，太受时代的束缚。孔多塞尤其激烈。在他看来，不是数学家的孟德斯鸠写的全是经验主义大杂烩，不是根据对概率的计算得出的政治预见，只有后者才是真正的政治科学。真正的政治科学将适用于全人类和一切时代，它将告诉所有的人，什么是保护正义和平等权利的最好法律。政府首先应当是简单的。一句话，孟德斯鸠作为科学家和道德家都是失败的，但孔多塞的政治科学模式是建筑学而不是病理学。不过，赞成第三等级的著作家多数极为敬仰孟德斯鸠。他们欣赏他关于宗教、共和的美德和共和制度的论述，尤其欣赏他关于刑法改革的阐述。一个认为立法机关应该有妇女代表的激进女性长篇引述了《波斯人信札》。但是，事实上孟德斯鸠甚至对第一部革命宪法也没有多少贡献。1791 年宪法只提供了一个代表统一主权国家的议会。保障其自由的是《人权与公民权宣言》,在这篇宣言中可以看到孟德斯鸠的手，尤其是其中的第 16 条，即“每个未决定分权的社会都没有宪法”。在使刑法人道化、确立司法的独立性和审理刑事案件时建立两个陪审团方面，也可以看到孟德斯鸠的影响，但是规定司法人员经选举产生未受他的影响。虽然他确实曾致力于反对教权主义并使教会脱离政府，但他最后还是想建立一个国家教会。大革命的宪法精神的基础是相信人类终将解放的信念，而不是地方主义的假定。这种精神的基础首先是希望将来能够完全摆脱过去。

孟德斯鸠在贵族中也有欣赏者，尤其是在他那个阶级的比较激进的成员中。但是被引用最多的只有他的一个观点，即任何君主国家都不能没有贵族。到1793年，孟德斯鸠对贵族和激进革命派都失去了意义。柏克是反革命倾向的最佳见证人，当他不得不去思考法国革命时，孟德斯鸠早已作古。他认为孟德斯鸠是“为这个时代启蒙的最伟大的天才”并始终坚持这个评价，但他显然相信天命主宰历史，当他思考政权的兴衰时，采取的是考察阴谋的角度而不是社会学的视角。边沁预言孟德斯鸠不会超越他那个世纪，这个预言看来是正确的。

由存活下来的革命知识分子精英写的关于《论法的精神》的最后一篇评论出自德斯杜·德·特拉西（Destutt de Tracy）之手。这篇评论显然是为作者的朋友托马斯·杰斐逊（我最尊敬的属于两个世界的人）写的，这篇评论的目的不是攻击孟德斯鸠的著作，而是通过纠正某些错误并使之适合现代而完善它。杰佛逊很喜欢这部书评，亲自翻译了其中的一部分，并安排它于1811年出版。庞大的民主共和国并非不可能，美利坚合众国证明孟德斯鸠在这个问题上是错误的。德斯杜在为激进的法律改革作辩护时指出，简单一致的法律不一定是对自由的威胁，并认为，正像孟德斯鸠暗示的那样，如果必须使法律具有预防作用，废除死刑就不可取。他还补充了世人对气候理论的反驳。最后，在任何情况下都不能容忍奢侈和不平等。杰斐逊抱怨说孟德斯鸠的书中悖论太多，但事实上他在最重要的问题上赞成的是孟德斯鸠，而不是德斯杜。权力必须被划分。关于唯一的不可分割的共和国的观念损害了法国革命，联邦制则保险得多。民主社会中的联邦制与旧的中间权力是等价的。

立宪大会在费城召开时，杰斐逊正在巴黎，他在那里具体地参加了法国革命的早期活动。孔多塞是他最亲密的朋友之一，他比他那个时代的大多数美国人更接近最后一批启蒙思想家。杰斐逊至死都像在1776年那样十分仇视英国。他希望美洲能完全摆脱它从前的统治者和他们的法律传统与社会传统。他在这一点上与1787年的宪法制定者区别最大。在那些人看来，孟德斯鸠是一位神使。在1760年代，洛克和孟德斯鸠是各种政治讨论中被引用最多的启蒙哲学家。到1780年代，孟德斯鸠则远远超过了其他当代作家。当然，世人引用《圣经》的次数比引用全部这些思想家的次数还要多得多。

若问为什么一群信奉新教的中产阶级美国人发现一个信奉天主教的法国贵族如此鼓舞人心，可能是提出了个假问题，但这个问题不是不可回答的。不过，更为有趣的事实是，新宪法的拥护者和反对者都主要依靠孟德斯鸠来支持他们的论证。双方都觉得孟德斯鸠是为他们写作的。他们甚至认为自己是最后一批真正的英国人，因为欧洲的英国人几十年前就背叛了孟德斯鸠如此美妙地描述过的宪法。那些描述和他对共和政府的分析看起来都是直接为了他们的。此外，双方都认为孟德斯鸠是科学家，不过，一方在《论法的精神》中发现了一门关于制度变化的政治科学，另一方则在其中发现了一门关于连续性的社会学。一方认识到要创造一个新国家必须采取立法行为，另一方则认识到美国的南方和北方与其他地方的南方和北方相距同样遥远因而不可能统一。由于最后文件的形成在相当大程度上要归功于这两派之间的论战，因此我们可以说双方共同制定了宪法，而孟德斯鸠则是事实上的首席立法者。

汉密尔顿和麦迪逊当时是精力旺盛的青年，《联邦党人文集》的大多数文章是他们以帕伯留斯(Publius)的笔名写作的。他们不怕标新立异。他们知道“一个帝国的命运”正处于紧要关头，他们面临的问题是“人类社会是否真的能通过反思和选择建立好政府，或者说人类社会的政治制度是否注定要依赖偶然事件和暴力”（《联邦党人文集》，I）。他们对自己的解答充满信心，因为“政治科学正像其他大多数科学一样已经取得了巨大的进展”

(《联邦党人文集》, 9)。没有一个社会科学家比孟德斯鸠给他们留下的印象更深。麦迪逊后来写道，孟德斯鸠“在他的专门科学中，就如培根在一般科学中一样”。我们的知识取得如此进步的结果之一就是没有人会对古代的共和国有丝毫恋旧情绪。“对古代风俗或英雄的盲目崇拜”将不会成为新共和国的一个弱点(《联邦党人文集》, 14)。那些古老的小城市树立的榜样已经变得无足轻重，这部分地由于最小的州也比它们大得多，部分地由于代议制已经取代并改进了民主制。假如它们照搬古代的模式，它们也会变成“渺小、嫉妒、冲突、动乱的国家，它们将邪恶地助长无休止的冲突，并成为人普遍鄙视怜悯的对象”(《联邦党人文集》, 9)。当孟德斯鸠说在小的领域中可以实现共和国，他只是证明这一切都在我们后面。诚然，孟德斯鸠从来不认为我们可以回到斯巴达或罗马，但他提到过并且赞赏共和国的联邦，因为如果它们不结成联邦便无法抵御外敌，帕伯留斯考虑的正是这个问题，他们特别关心建立一支中央军来镇压地方的暴乱。事实上，孟德斯鸠想的是个紧密而强大的联盟。他的反对者并未上当受骗(《联邦党人文集》, 43)。

主张民主的宾夕法尼亚人认为中央政府将会远离人民。“大名鼎鼎的孟德斯鸠”不是已经证明代表人民的立法机关将成为“总意志”的代言人，在自由国家中立法权“应在全体人民手中”，人民的选举权是民主的本质了吗？他的确证明了这些。这个新的众议院将完全由富裕而有教养的人组成，因为别人无法在这样大的选区中当选。这将会走向寡头政治，而他们却希望这样。被提议的参议院太接近行政机关，几乎所有的反联邦主义者都认为它违背了孟德斯鸠的分权学说。在新英格兰，南方的文化似乎像外来的一样。南方人懒惰，靠大种植园生活并且拥有奴隶。北方人是勤劳的公民，他们认为奴隶制是罪恶的。如果像孟德斯鸠解释的那样，自由意味着法律必须适合民族的风俗，那么同一个政府就不可能既适合南方，又适合北方。其中一个必定受压迫。设想新汉普郡的民兵在佐治亚执法或者反过来，都是十分可怕的景象。孟德斯鸠社会学最精密的部分也未被忽略。一个聪明的反联邦主义的纽约人用孟德斯鸠的著作证明在现代国家中法律对民族精神的影响最大。一个遥远的总统和一个贵族式的参议院很快就会结合成一个具有自己习惯和利益的精英集团。他们将创造一个首都和法院，它们将与孟德斯鸠鞭挞的廷臣的首都与法院相似。这个人引证了大量孟德斯鸠的言论。这个精英集团最终将塑造民族精神，使之变得像他们希望的那样乐于服从。美国人将不知不觉地适应这个新统治阶级的文化。批评宪法草案的人不仅觉得分权不像孟德斯鸠说的那样伟大，他们还关心统一的统治阶级的文化影响。

为了回答这些责难，帕伯留斯对美国人民进行了不同的描述，坚持政治制度的第一性。美国人比反联邦主义者想象的更加统一，当他们生活在同一个政府下时，他们会变得更加相似（《联邦党人文集》，27、53）。为这种变化担忧是没有道理的，原因是，正像孟德斯鸠所说的，在现代国家中起决定作用的是利益。利益之间的冲突，正如宗教派别之间的冲突一样，是自由的最好基础。为意识形态原因或物质目的而竞争的少数派将与联邦主义者一起完成中间权力在传统君主国家中能完成的一切。帕伯留斯简单地把孟德斯鸠的等级多元论翻译成了现代宪法国家的平等主义多元论。正因如此，政府的三个部门才能有效地互相制约，野心将互相冲突。最后，国家越大，不同的利益越多，这个国家拥有自由政府的希望也就越大（《联邦党人文集》，10、51）。在分权问题上，“在孟德斯鸠眼里，英国的宪法就像写作寓意史诗的人心目中的荷马一样……是个完美无缺的模范。”他特别欣赏的并不是三种权力完全孤立，他欣赏的是能防止某一部门垄断政府权力的适当的分权和能够防止滥用权力的权力均衡。而这正是新宪法努力达到的，尤其是，它要提供一个完全独立的司法机构（《联邦党人文集》，47、78）。宪法被采用后，美国人对孟德斯鸠就不感兴趣了，但联邦法庭在讨论时偶尔还引述他的言论。这并不经常发生，但一旦发生时，所讨论的问题都十分重要。当然，世人引用的是他关于分权、公平审判、在涉及政治颠覆的刑事案件中语言与行动的区别等问题的论述。孟德斯鸠在许多方面有功于我们，不论他指出的言论与行动的区别是多么难以划定，它都是对一个自由政府来说必不可少的区分。

关于美国未来政府的论战提供了一种理想的解释孟德斯鸠的方法。他是帕伯留斯所说的政治科学家，他是个向导，指导世人根据对有关各种政治制度的历史纪录与已知概率的理性分析为立法进行合理的运算。《论法的精神》是立法的科学，它教导人怎样在构成民族性格的自然法和文化法的背景下立法。帕伯留斯在该书中发现了建立新法律新制度之精神的指南。反联邦主义者在这部书里看到的是关于些政治文化的科学，他们完全理解这门科学的目的。它教导人谨慎节制，即人所理解的实践智慧。作为一个概念，政治文化也许不能解释社会行为，但是知识丰富的政治观察家能够利用它设计出关于哪些政治行为可能导致及不可能导致什么后果的聪明问题。在这两种情况下，热心的读者都认识到，作为一门科学，这部书的目的是支持自由主义政治和法治。

一代革命家对《论法的精神》作的实践解释使孟德斯鸠有资格承担达兰贝先知般地赠给他的头衔：他是“万国立法者”。至于我们是否应这样理解他，有许多可讨论的地方。确实，世人已经不可能像他那样相信科学能使我们变得温和、宽容和负责了。我们现在认识得更加清楚了。但是，孟德斯鸠学说的其他部分将长期值得我们注意。它可以给我们提供一个很好的样板，教导我们应该怎样思考政治，应该问哪些问题。约定与权力的幻觉和关于专制主义与恐惧的心理学仍然十分重要。关于恐惧的自由主义及其对政府的不信任仍然是任何一种完整的政治自由理论必不可少的组成部分，他的另外一个观点也是这样，他认为，如果不对刑法进行限制，它总是扩张性的。我们也不应该忽视孟德斯鸠作为政治科学家的榜样意义。充满哲学分析和社会分析的叙事历史和批判精神仍然是我们理解政治的最佳途径。我们可以在孟德斯鸠的著作中发现许多宝藏，只要我们关心自由主义政治，愿意理解社会，那么我们就能像他的第一代欣赏者一样通过阅读他的著作而获得深刻的教益。

推荐书目

文献目录

卡宾（D. C. Cabeen）：《孟德斯鸠：文献目录》(Montesquieu: A Bibliography, New York, 1947)；《孟德斯鸠文献目录补编》（A Supplementary Montesquieu Bibliography），载《国际哲学评论》(Revue Internationale de Philosophie)（1955），第 409 – 434 页。

沙克莱顿（R. Shackleton）：《孟德斯鸠在 1945 年》（Montesquieu in 1945），载《法国研究》(French Studies)（1949 年），第 299 – 323 页。

艾拉德（J. Ehrard）：《关于孟德斯鸠与〈论法的精神〉的研究》（Les études sur Montesquieu et L'Esprit des Lois），载《文献》(Information Littéraire)（1959 年），第 55 – 66 页。

罗索（C. Rosso）：《孟德斯鸠现状：1960 年以来的研究与著作》(Montesquieu present: etudes et travaux depuis 1960)，载《十八世纪》(Le XVIII e Siècle)（1976 年），第 373 – 404 页。

孟德斯鸠的著作

《全集》(OEuvres complètes)，马松编，三卷本（1950－1955年，巴黎)，这是最全的版本，包括书信和达兰贝的《孟德斯鸠颂》(Eloge de Montesquieu)。

《全集》，凯洛伊（R. Caillois）编，两卷本（1951年，巴黎)，这是个便于使用的版本。

有精彩注释的重要著作

《论法的精神》(L'Esprit des Lois)，德拉特编（1973年，巴黎)。

《波斯人信札》(Les Lettres persanes)，维涅尔编（1975年，巴黎)。

《关于罗马人兴衰之原因的思考》(Considérations sur les causes de la grandeur des Romains et de leur décadence)，特鲁编（1967年，巴黎)。

《论情趣》(Essai sur le Goût)，拜尔（C. J. Beyer）编（1976年，日内瓦)。

孟德斯鸠著作的英译本

由纽根特（Thomas Nugent）译、纽曼（F. Neumann）编辑的《论法的精神》(The Spirit of the Laws)（1949年，纽约）是最早的完成于18世纪的译本。孟德斯鸠与他的英国朋友都很喜欢这个译本，不过在现在的读者看来，它很不准确。

卡里特（D. W. Carrithers）完成了一个名为《孟德斯鸠的论法的精神》(The Spirit of the Laws by Montesquieu）的节译本。内容是

第一个英译本的提要，并有《论影响心灵与性格的原因》（“An Essay on the Causes Affecting Minds and Characters”）的英译本（1977 年，加利福尼亚，柏克莱）。

由洛伊（J. R. Loy）译注的《波斯人信札》(The Persian Letters)（1961 年，纽约）是最好的英译本。

《关于罗马人兴衰之原因的思考》(The Greatness of the Romans and their Decline)（1965 年，纽约，伊萨卡）的译者是洛文塔尔(D. Lowenthal)。

传记和背景

沙克莱顿的《批判的孟德斯鸠传》(Montesquieu · A Critical Biography)（1961 年，牛津）超过了以前的所有传记。关于孟德斯鸠生平的唯一补充是达拉特（J. Dalat）的《孟德斯鸠法官》(Montesquieu magistrat)（现代书信档案，1971 年与 1972 年)。斯塔罗宾斯基（J. Starobinski）的《孟德斯鸠自述》(Montesquieu par lui – méme）收集了孟德斯鸠的全部自传材料并附加了评论。

初学历史的人可读下列著作：劳（J. Lough)：《十八世纪法国导论》(An Introduction to Eighteenth Century France）（1960 年，纽约)。古柏特（P. Goubert)：《旧制度》(L'Ancien Régime)，两卷本(1969 年，1973 年，巴黎)。巴里塞（F. G. Pariset）编《十八世纪的波尔多》(Bordeuxau 18e siécle）（1968 年，波尔多)。道尔（W. Doyle）的《波尔多的上诉法院与旧制度的灭亡：1770 – 1789）(The Parlement of Bordeaux and the End of the old Régime，1770 – 1789）（1974 年，纽约）在开头详细地叙述了 18 世纪初的情况。

福特（F. L. Ford）：《法衣与剑：路易十四之后法国贵族的重新组合》(Robe and Sword: The Regrouping of the French Aristocracy after Louis XIV)（1953 年，马萨诸塞，剑桥）。福斯特（R. Forster）：《十八世纪波尔多种葡萄酿酒的贵族》（“The Nobel Wine Producers of the Bordelais in the 18th Century”），载《经济史评论》(Economic History Review)（第二系列）（1961 年），第 18 – 38 页，《重新评价地方贵族》（“The Provincial Noble: A Reappraisal”），载《美国历史评论》(American Historical Review)（1963 年），第 681 – 689 页。巴列尔（P. Barriere）：《波尔多科学院》(L'Academie de Bordeaux) 1951 年，波尔多与巴黎）。罗谢（D. Roche）：《地方启蒙的世纪：1680 – 1789 年的地方科学院和院士》(Le Siècle des lumières en province: académies et académiciens provinciaux 1680 – 1789)，两卷本（1978 年，巴黎）。

下列著作最直接地论述了孟德斯鸠生活于其中的思想世界并直接讨论了他作为其中一成员的表现：道兹（M. Dodds）：《游记〈论法的精神〉的资料来源》(Les Recits de voyage. Sources de L'Esprit des lois)（1929 年，巴黎）。艾拉德（J. Ehrard）：《启蒙运动初期法国的自然观》(L'Idee de nature en France a l'aube des lurnieres)（1970 年，巴黎）。艾丹布勒（R. Etiemble）：《十八世纪的东方哲学》(L'Orient philosophique au XVIII e siecle)（1956 – 1957 年，巴黎）特别精彩地论述了喜爱中国的人和厌恶中国的人。盖依（P. Gay）：《启蒙运动》(The Enlightenment)，两卷本（1966 和 1969 年，纽约）。古斯道夫（G. Gusdorf）：《人文科学与西方的沉思》

(Les Sciences humaines et la pensée occidentale) 卷4、5、6 (1971－1973年，巴黎)。毛自 (R. Mauzi):《十八世纪的幸福观》(L'Idee du bonheur an XⅧe siècle) (1965年，巴黎)。里谢 (D. Richet):《论法国革命的遥远原因：精英与专制主义》("Autour des causes lointaines de la révolution francaise: élites et despotisme"),《年鉴》(Annales) (1969年)，第1－23页，该文讨论了自由主义意识形态的形成。罗哲 (J. Roger):《十八世纪法国思想中的生命科学》(Les Sciences de la vie dans la pensée francaise du XⅧe siecle) (1963年，巴黎)。

关于孟德斯鸠哲学的评论

下列著作中不少有自我说明的标题：阿尔都塞 (L. Althusser):《政治与历史》(Politics and History)，布鲁斯特 (B. Brewster) 译 (1972年，伦敦)，第13－115页，对一位开路先锋提出了马克思主义的理解，这个开路先锋的阶级信念已经不重要了。亚伦 (R. Aron):《社会学思想的主流》(Main Currents in Sociological Thought)，卷1，霍尔德 (R. Howard) 与维沃尔 (H. Weaver) 译 (1968年，纽约)，第13－72页，他认为孟德斯鸠是现代第一位社会学家，孔德 (Comte) 的先驱。柏林 (I. Berlin):《反潮流》(Against Current) (1980年，纽约)，第130－161页，他认为孟德斯鸠太理性主义并认为他的思想是先验的。拜尔 (C. J. Beyer):《孟德斯鸠与笛卡尔精神》("Montesquieu et l'esprit cartesien")，载《孟德斯鸠讨论会论文集》(Actes du Congrès Montesquieu) (1956年，波尔多)，第159－173页，他认为孟德斯鸠受笛卡尔影响很深。卡卡索涅（E. Carcassone）：《孟德斯鸠与十八世纪的法国宪法问题》（Montesquieu et le probleme de la Constitution Francaise au XVIII e siecle）（1927 年，巴黎），是一部不可不读的著作。卡洛（E. Callot）：《十八世纪的生命哲学》（La Philosophie de la vie au XVIII e siecle）（1965 年，巴黎），第 65 – 148 页，把孟德斯鸠的生物学观点说成是前柏格森（pre – Bergsonian）的有机唯灵论。卡里特（D. Carrithers）：《孟德斯鸠的历史哲学》（“Montesquieu's Philosophy of History”），载《思想史杂志》（Journal of the History of Ideas）（1986 年），第 61 – 80 页，讨论了吉朋对孟德斯鸠的赞扬。科塔（A. Cotta）：《孟德斯鸠思想中的经济发展》（“Le développment économique dans la pensée de Montesquieu”），《经济史与社会史评论》（Revue d'Histoire Economique et Sociale）（1957 年），第 374 –415 页。库特内（C. P. Courtney）：《孟德斯鸠与柏克》（Montesquieu and Burke）（1963 年，牛津）。考克斯（I. Cox）：《孟德斯鸠与法国法律史》（“Montesquieu and the History of French Law”），《关于伏尔泰与十八世纪的研究》（Studies in Voltaire and the 18th Century）（1983 年，牛津）。德丢（J. Dedieu）：《孟德斯鸠》（Montesquieu）（1913 年，巴黎）；《孟德斯鸠与法国的英国传统》（Montesquieu et la tradition anglaise en France）（1909 年，巴黎）。德莱特格罗（N. E. Devletoglou）：《孟德斯鸠与国家财富》（Montesquieu and the Wealth of Nations）（1963 年，雅典）。加连尼（R. Galliani）：《孟德斯鸠在 1789 年的幸运：一项调查》（“Les fortunes de Montesquieu en 1789：un sondage”），《现代文学档案》（Archives des Lettres Modernes）（1981

年），第 31－61 页。杰弗罗德－罗西（J. Geffriaud－Rossi）：《孟德斯鸠与女权论者》(Montesquieu et la feminite）（1977 年，皮萨）。戈亚德－法布尔（S. Goyard－Fabre）：《孟德斯鸠的法哲学》(La Philosophie du droit de Montesquieu）（1973 年，巴黎），对先驱者作了特别精彩的论述。格罗图欣（B. Groethuysen）：《革命的哲学，孟德斯鸠的方法》(Philosophie de la Révolution，précédée de Montesquieu）（1956 年，巴黎）。格罗里查（A. Grosrichard）：《关于古代东方的亚洲专制主义的幻想》(La fiction du despotisme asiatique dans l'occident classique）（1979 年，巴黎），此书主要讨论了《波斯人信札，采取了一个精细的政治视角和弗洛伊德心理学观点》。汉普森（N. Hampson）：《意志与环境。孟德斯鸠、卢梭和法国革命》(Will and Circumstance. Montesquieu，Rousseau and French Revolution）（1983 年，伦敦）。哈龙（M. Hulliung）：《孟德斯鸠与旧制度》(Montesquieu and the Old Regime）（1976 年，加利福尼亚，柏克莱）。科恩（N. O. Keohane）：《哲学与法国政府》(Philosophy and the state in France）（1980 年，普林斯顿），第 392－419 页，他认为孟德斯鸠主要是一个旧美德的欣赏者。劳法（R. Laufer）：《洛可可风格，启蒙风格》(Style rococo，style des Lumieres）（1963 年，巴黎），第 51－72 页，认为《波斯人信札》反映了摄政时期的静止社会状态。林奇（A. J. Lynch）《孟德斯鸠教会批判者》（Montesquieu's Ecclesiastical Critics），《思想史杂志》(1977 年），第 487－500 页。马齐（A. Mathiez）：《孟德斯鸠在十八世纪政治学说史上的地位》(La place de Montesquieu dans l'histoire des doctrines politiquee du XVIIIe siecle),《法国革命史年鉴》(Annales Historiques de la Révolution Francaise)(1930年),第97－112页,这不是一篇学术论文,但影响极大,文章认为孟德斯鸠是他那个阶级的反动分子。莫塞(R. Mercier):《气候理论——关于〈论法的精神〉的批判思考》(La théorie du climat. Des RéFlexions critiques ὰ L'Esprit des Lois),《法国文学史评论》(Revue d'Histoire Littéraire de la France)(1953年),第17－37页,第159－174页。细曼(F. Neumann):《民主国家与权威主义国家》(The Democratic and the Authoritarian state)(1957年,纽约),第96－148页,他认为孟德斯鸠的分权思想是一项反动措施。欧克(R. B. Oake):《孟德斯鸠与休谟》(Montesquieu and Hume),《现代语言季刊》(Modern Language Quarterly)(1941年),第25－41页,第225－248页,《孟德斯鸠对罗马历史的分析》(Montesquieu's Analysis of Rornan History),《思想史杂志》(1955年),第44－59页。潘格勒(T. L. Pangle):《孟德斯鸠的自由主义哲学——评〈论法的精神〉》(Montesquieu's Philosophy of Liberalism · A Commentary on "The Spirit of the Laws")(1973年,芝加哥)。里雷(P. Riley):《卢梭面前的总意志》(The General Will before Rousseau)(1986年,普林斯顿),讨论了马勒勃朗士对孟德斯鸠之思想架构的影响。罗索(C. Rosso):《道德家孟德斯鸠》(Montesquieu moraliste)(1971年,巴黎)。罗斯丹(J · Rostand):《孟德斯鸠(1689－1755)与生物学》(Montesquieu (1689－1755) et la biologie),《科学史评论》(Revue d'Histoire des Sciences)(1955年),第129－136页。伏拉贺(G. C. Vlachos):《孟德斯鸠的政治

学》(La Politique de Montesquieu)（1974 年，巴黎），强调孟德斯鸠的独创性和自由主义。威尔（M. J. C. Vile）：《立宪主义与分权》(Constitutionalism and the Separation of Powers)（1967 年，牛津）。扬（D. Young）：《自由意志论的人口统计学——孟德斯鸠在〈波斯人信札〉中关于人口减少的论述》（Libertaria Demography · Montesquieu's Essay on Depopulation in the Lettres persanes)，《思想史杂志》(1975 年)，第 669 – 682 页。

后记

这本书是我1991年暑假翻译的，委托方付了稿酬，后来因故未出版。我寄稿件时怕丢，复印了一份，一直存着。数次搬家，丢了很多书，但这本译稿一直带在身边。去年，一个偶然机会，我告诉田雷博士有这部译稿。像对待《不发表就出局》一样，他看了译稿后断定值得出版。我照例请他运作，然后就置之脑后。没想到，田雷博士照例神奇，不到半年，办好了啰里啰嗦的翻译版权事宜。我只能硬起头皮，校对译稿。

一部译稿，搁置27年，校对起来自然百感交集。我当时译书，纯粹是为稻粱谋。翻译过程是认认真真赶进度。现在看，我当时的英文水平能打90分，汉语水平却只能打80分。一开始，我对照原文校对，很快就发现相当于重译，行不通。后来，我按照王太庆先生多年前的教导，先看译文，觉得看不懂，再对原文。就这样，还是花了整整一周。

总结翻译生涯，我常用苏东坡《水龙吟》中的三句词：“春色三分，二分尘土，一分流水。”这本译稿能从尘土升级为流水，我要感谢田雷博士，也感谢中国政法大学第六编辑部的刘海光主任，这两位黄金搭档，是学术出版界最让我感到鼓舞的希望之光。

李连江

2018年2月22日

《雅理译丛》编后记

面前的这套《雅理译丛》，最初名为"耶鲁译丛"。两年前，我们决定在《阿克曼文集》的基础上再前进一步，启动一套以耶鲁法学为题的新译丛，重点收入耶鲁法学院教授以"非法学"的理论进路和学科资源去讨论"法学"问题的论著。

耶鲁法学院的师生向来以 Yale ABL 来"戏称"他们的学术家园，ABL 是 anything but law 的缩写，说的就是，美国这家最好也最理论化的法学院——除了不教法律，别的什么都教。熟悉美国现代法律思想历程的读者都会知道，耶鲁法学虽然是"ABL"的先锋，但却不是独行。整个 20 世纪，从发端于耶鲁的法律现实主义，到大兴于哈佛的批判法学运动，再到以芝加哥大学为基地的法经济学帝国，法学著述的形态早已转变为我们常说的"law and”的结构。当然，也是在这种百花齐放的格局下，法学教育取得了它在现代研究型大学中的一席之地，因此，我们没有理由将书目限于耶鲁一家之言，《雅理译丛》由此应运而生。

雅理，一取“耶鲁”旧译“雅礼”之音，意在记录这套丛书的出版缘起；二取其理正，其言雅之意，意在表达以至雅之言呈现至正之理的学术以及出版理念。

作为编者，我们由法学出发，希望通过我们的工作进一步引入法学研究的新资源，打开法学研究的新视野，开拓法学研究的新前沿。与此同时，我们也深知，现有的学科划分格局并非从来如此，其本身就是一种具体的历史文化产物（不要忘记法律现实主义的教诲“to classify is to disturb”），因此，我们还将“超越法律”，收入更多的直面问题本身的跨学科作品，关注那些闪耀着智慧火花的交叉学科作品。在此标准之下，我们提倡友好的阅读界面，欢迎有着生动活泼形式的严肃认真作品，以弘扬学术，服务大众。《雅理译丛》旨在也志在做成有理有据、有益有趣的学术译丛。

第一批的书稿即将付梓，在此，我们要对受邀担任丛书编委的老师和朋友表示感谢，向担起翻译工作的学者表示感谢。正是他们仍“在路上”的辛勤工作，才成就了我们丛书的“未来”。而读者的回应则是检验我们工作的唯一标准，我们只有脚踏实地地积累经验——让下一本书变得更好，让学术翱翔在更广阔的天空，将闪亮的思想不断传播出去，这永远是我们最想做的事。

六部书坊
《雅理译丛》主编 田雷
2014年5月

《雅理译丛》已出书目

民主、专业知识与学术自由
——现代国家的第一修正案理论
[美]罗伯特·C. 波斯特 著
左亦鲁 译

林肯守则：美国战争法史
[美]约翰·法比安·维特 著
胡晓进 李丹 译

兴邦之难：
改变美国的那场大火
[美]大卫·冯·德莱尔 著
刘怀昭 译

司法和国家权力的多种面孔
——比较视野中的法律程序
[美]米尔伊安·R.达玛什卡 著
郑戈 译

摆正自由主义的位置
[美]保罗·卡恩 著
田力 译 刘晗 校

战争之谕
胜利之法与现代战争形态的形成
[美]詹姆斯·Q.惠特曼 著
赖骏楠 译

创设行政宪制：
被遗忘的美国行政法
百年史（1787-1887）
[美]杰里·L.马肖 著
宋华琳 张力 译

事故共和国
——残疾的工人、贫穷的
寡妇与美国法的重构（修订版）
[美]约翰·法比安·维特 著
田雷 译

数字民主的迷思
[美]马修·辛德曼 著
唐杰 译

同意的道德性
[美]亚历山大·M.毕克尔 著
徐斌 译

林肯传
[美]詹姆斯·麦克弗森 著
田雷 译

罗斯福宪法：
第二权利法案的历史与未来
[美]凯斯·R.桑斯坦 著
毕竞悦 高瞰 译

社会因何要异见
[美]凯斯·R.桑斯坦 著
支振锋 译

法律东方主义
——中国、美国与现代法
[美]络德睦（Teemu Ruskola） 著
魏磊杰 译

无需法律的秩序
——相邻者如何解决纠纷
[美]罗伯特·C.埃里克森 著
苏力 译

美丽新世界
《世界人权宣言》诞生记
[美]玛丽·安·葛兰顿 著
刘轶圣 译

大屠杀：
巴黎公社生与死
［美］约翰·梅里曼 著
刘怀昭 译

自由之路
“地下铁路”秘史
［美］埃里克·方纳 著
焦姣 译

黄河之水：
蜿蜒中的现代中国
［美］戴维·艾伦·佩兹 著
姜智芹 译

我们的孩子
［美］罗伯特·帕特南 著
田雷 宋昕 译

起火的世界
［美］蔡美儿 著
刘怀昭 译

军人与国家：
军政关系的理论与政治
［美］塞缪尔·亨廷顿 著
李晟 译

林肯：在内战中
（1861—1865）
［美］丹尼尔·法伯 著
邹奕 译

正义与差异政治
［美］艾丽斯·M.杨 著
李诚予 刘靖子 译

星球大战的世界
［美］凯斯·R.桑斯坦 著
张力 译

财产故事
［美］斯图尔特·班纳 著
陈贤凯 许可 译

乌托邦之概念
［美］鲁思·列维塔斯 著
李广益 范轶伦 译

法律的文化研究
［美］保罗·卡恩 著
康向宇 译

鲍勃·迪伦与美国时代
［美］肖恩·威伦茨 著
刘怀昭 译

独自打保龄
［美］罗伯特·D.帕特南 著
刘波 祝乃娟 张孜异
林挺进 郑寰 译